e

PREFÁCIO
JOÃO SILVÉRIO
TREVISAN

POSFÁCIO
GUILHERME
DE ASSIS

HOMEM COM HOMEM

POESIA HOMOERÓTICA BRASILEIRA NO SÉCULO XXI

ORGANIZAÇÃO
RICARDO DOMENECK

ERCOLANO

© Ercolano Editora, 2025
Esta publicação segue as normas do Acordo Ortográfico da Língua
Portuguesa, Decreto nº 6.583, de 29 de setembro de 2008.

ORGANIZAÇÃO
Ricardo Domeneck

EDIÇÃO
Mariana Delfini
Régis Mikail

PREPARAÇÃO
Julya Tavares

REVISÃO
Bárbara Waida

DESIGN
Tereza Bettinardi

PRODUÇÃO GRÁFICA
Lilia Góes

DIREÇÃO GERAL E EDITORIAL
Régis Mikail
Roberto Borges

DIREÇÃO DE COMUNICAÇÃO E MARKETING
Roberto Borges

COORDENAÇÃO EDITORIAL
Mariana Delfini

COORDENAÇÃO DE DESIGN
Tereza Bettinardi

COORDENAÇÃO COMERCIAL E DE EVENTOS
Mari Abreu

ASSISTÊNCIA ADMINISTRATIVA
Láiany Oliveira

ASSISTÊNCIA EDITORIAL
E DE COMUNICAÇÃO
Victoria Pimentel

PROJETO GRÁFICO
Estúdio Margem

REDES SOCIAIS
VICA Comunicação

DESIGN COMUNICAÇÃO
Chris Costa

MÍDIA
VELO Digital

Todos os direitos reservados
à Ercolano Editora Ltda.
© 2025.
A reprodução não autorizada
desta publicação, no todo
ou em parte, e em quaisquer
meios impressos ou digitais,
constitui violação de direitos
autorais (Lei nº 9.610/98).

ASSESSORIA DE IMPRENSA
Kulturális

CONSULTORIA FINANCEIRA
Daniela Senador

SITE
Agência Dígiti

AGRADECIMENTOS
Jorge Wakabara, Tristan Zlotkowski,
Verônica Veloso, Zilmara Pimentel

SUMÁRIO

28 PREFÁCIO INTERESSANTÍSSIMO, UM SÉCULO DEPOIS ♣ JOÃO SILVÉRIO TREVISAN
♣
38 APRESENTAÇÃO ♣ RICARDO DOMENECK

42	HOMEM COM HOMEM ♣
47	RENATO NEGRÃO
61	ELEAZAR CARRIAS
71	RICARDO DOMENECK
99	RAFAEL MANTOVANI
109	MARCIO JUNQUEIRA
127	RÉGIS MIKAIL
135	MOISÉS ALVES
151	ISMAR TIRELLI NETO
165	MAYKSON CARDOSO
175	OTÁVIO CAMPOS
185	RAFAEL AMORIM
199	MATHEUS GUMÉNIN BARRETO
209	THIAGO GALLEGO
219	FRANCISCO MALLMANN

235	MARCOS SAMUEL COSTA
247	VICTOR SQUELLA
261	LEONAM CUNHA
271	EDUARDO VALMOBIDA
281	CAETANO ROMÃO
299	ALAN CARDOSO DA SILVA
313	WALLACE PRADO

♣

326	POSFÁCIO ♣

♣ GUILHERME DE ASSIS

♣

344	ÍNDICE DE POEMAS
350	LISTA DE IMAGENS

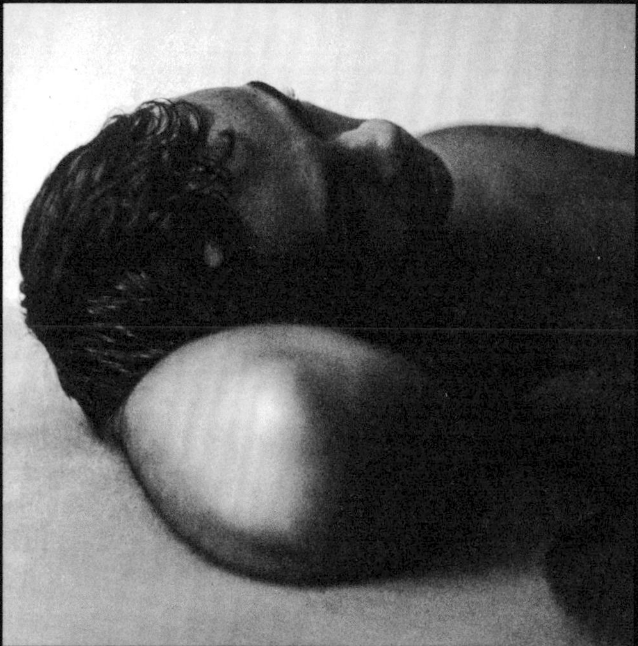

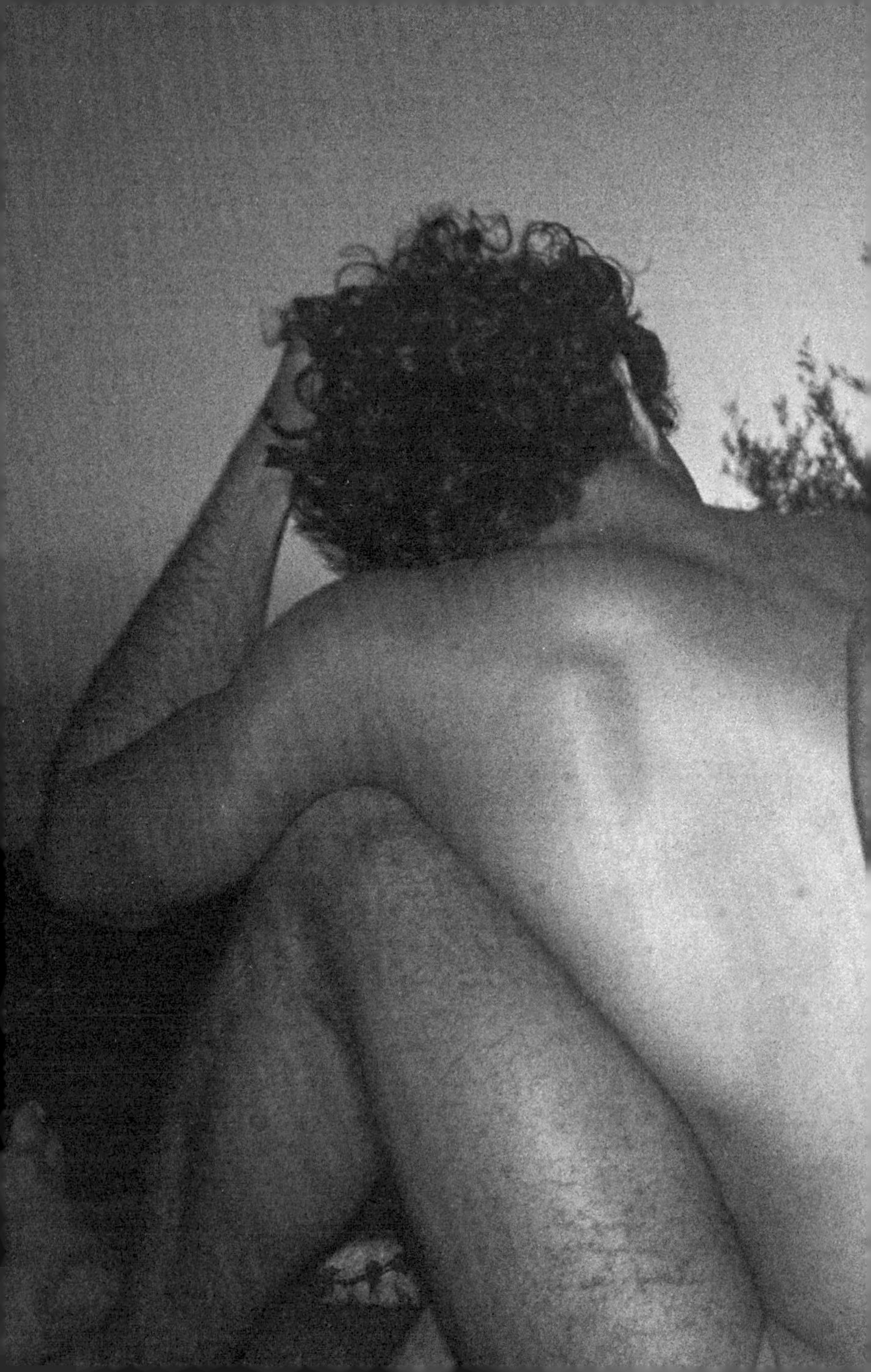

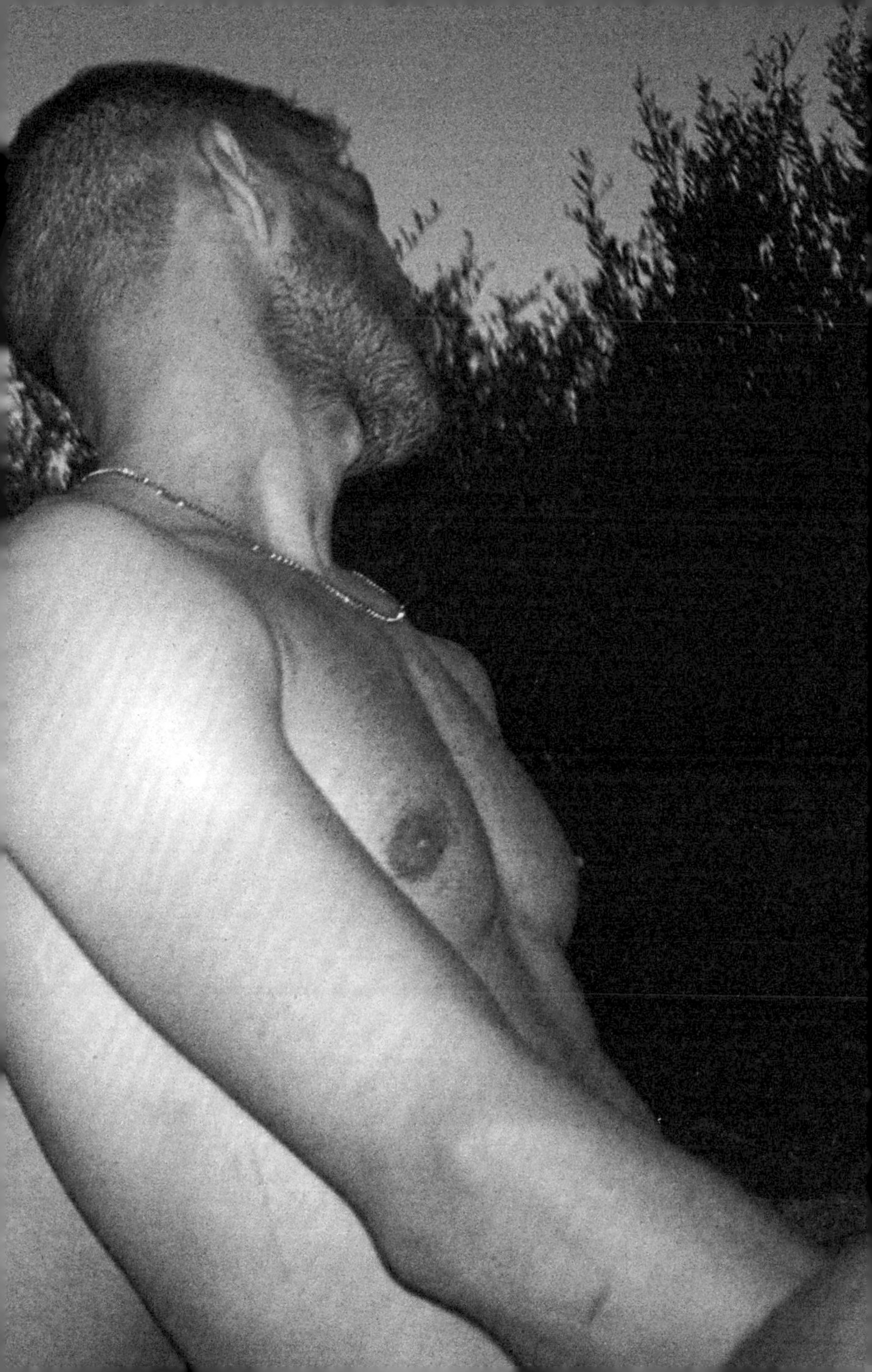

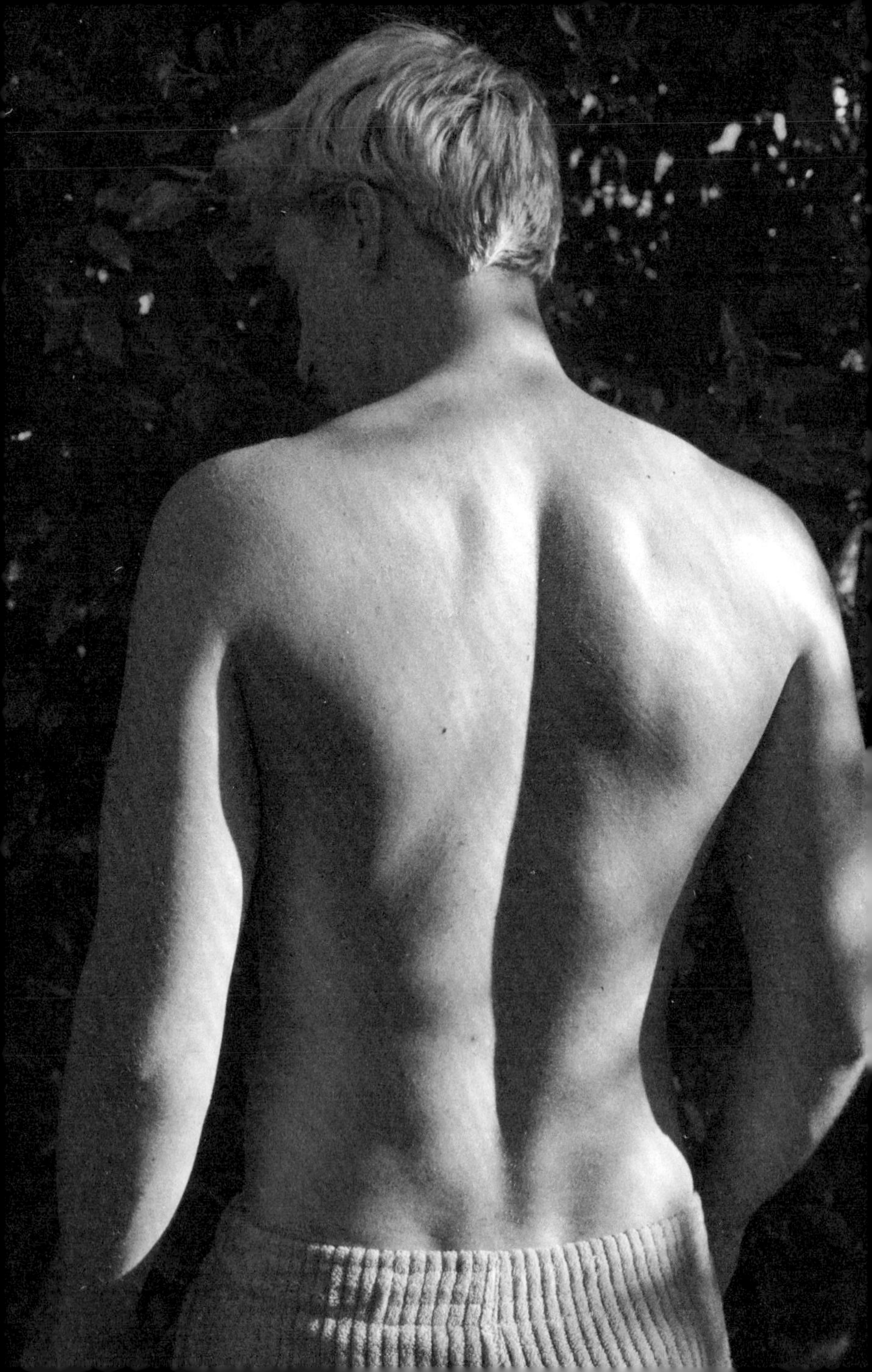

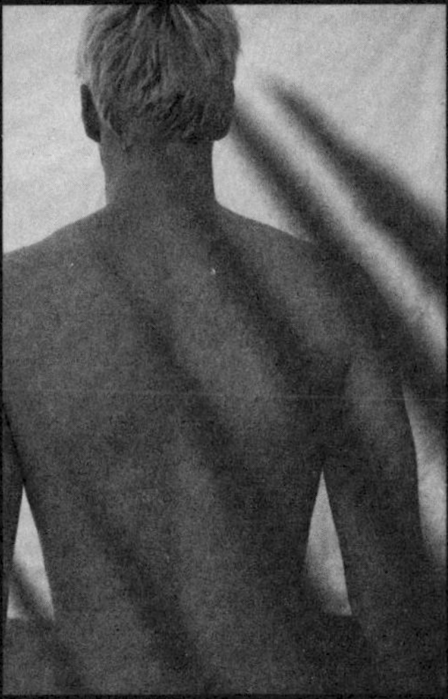

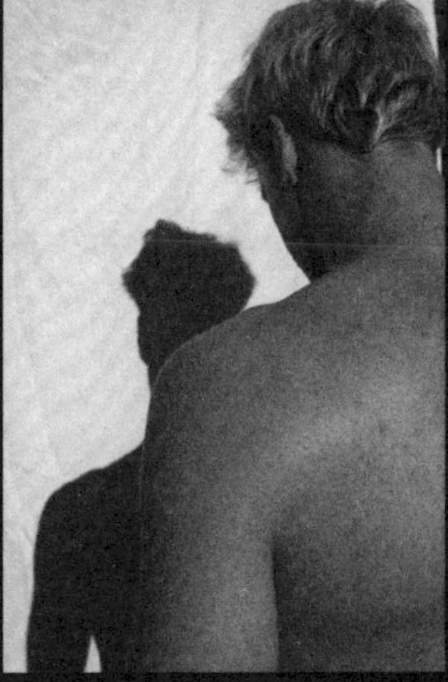

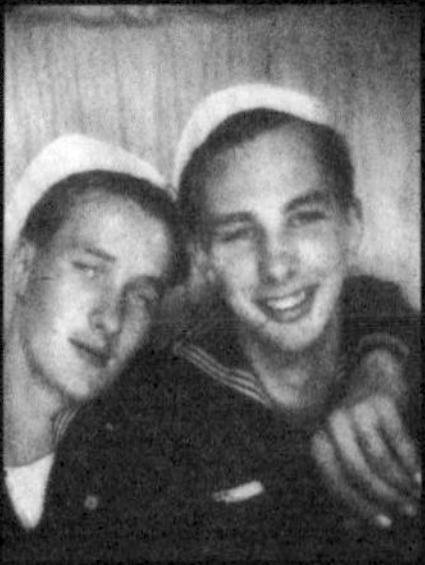
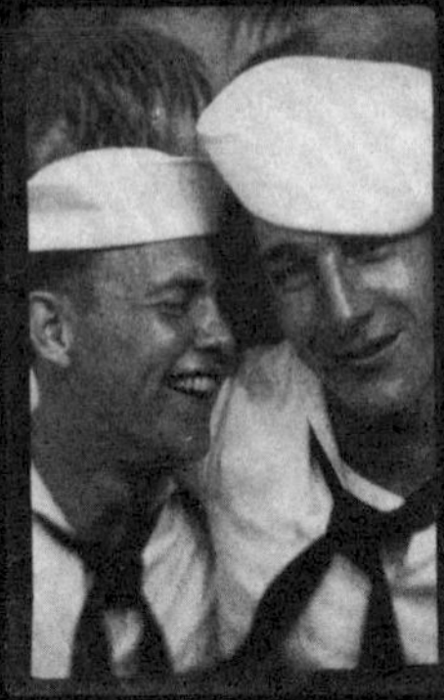
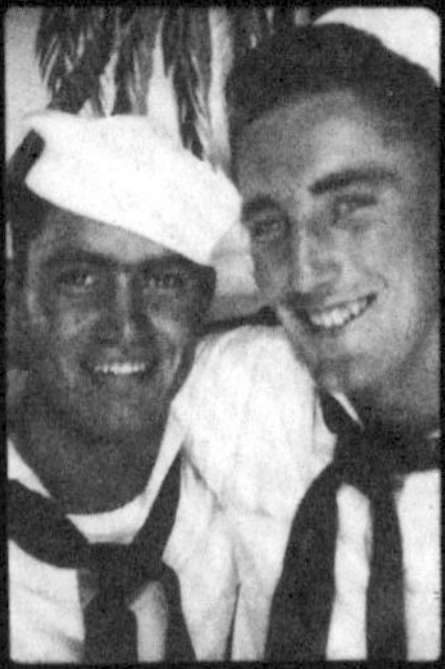
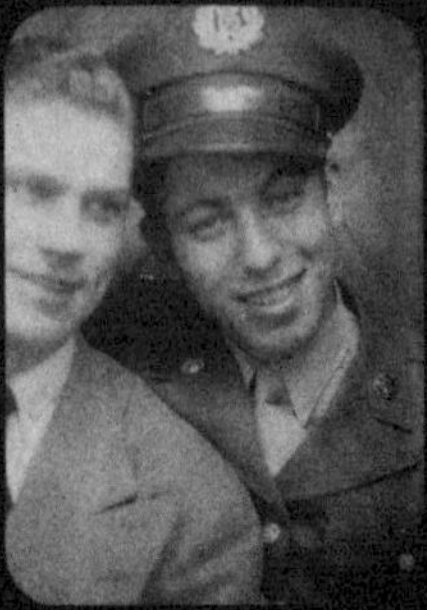
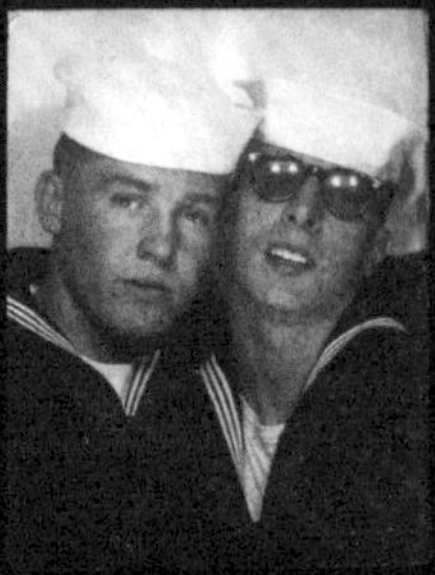
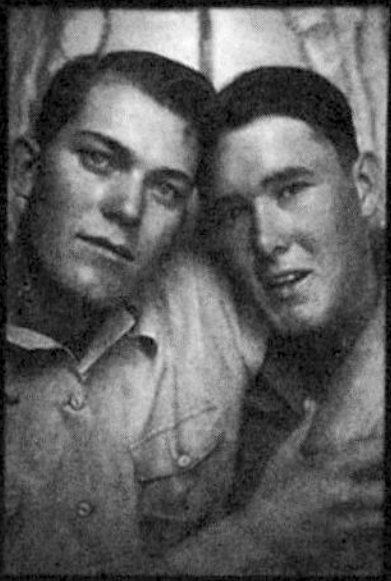
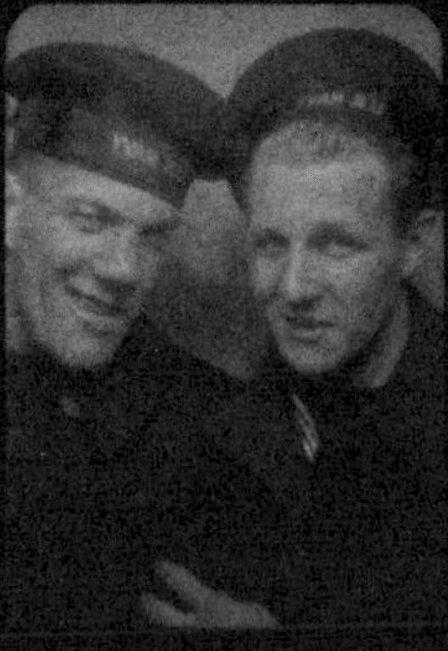
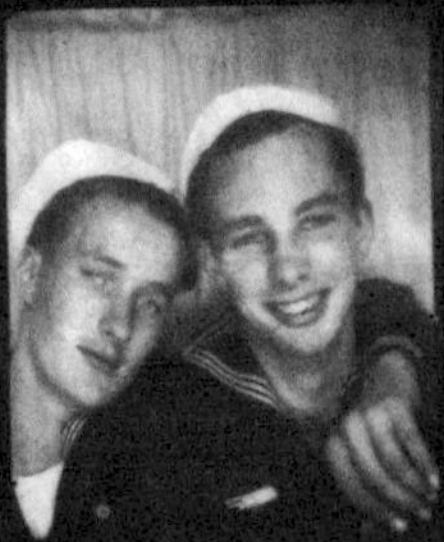
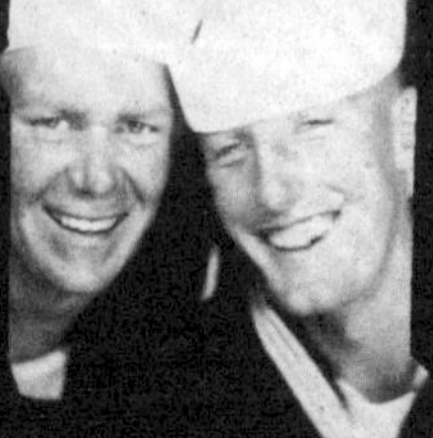

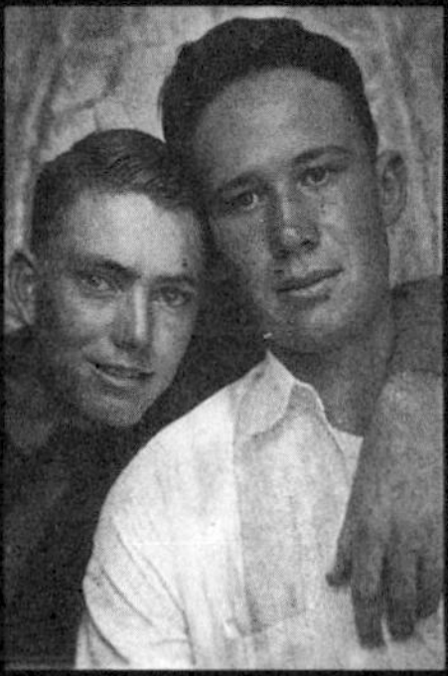
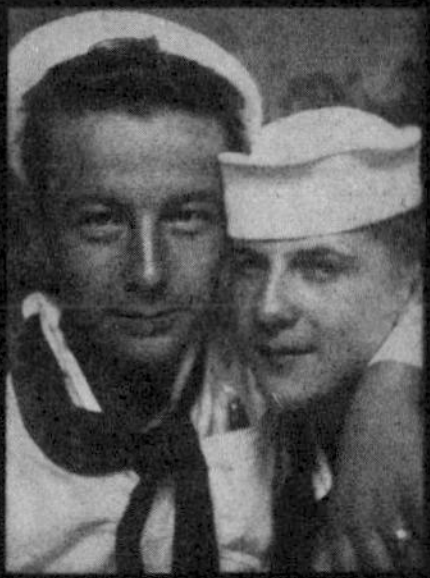
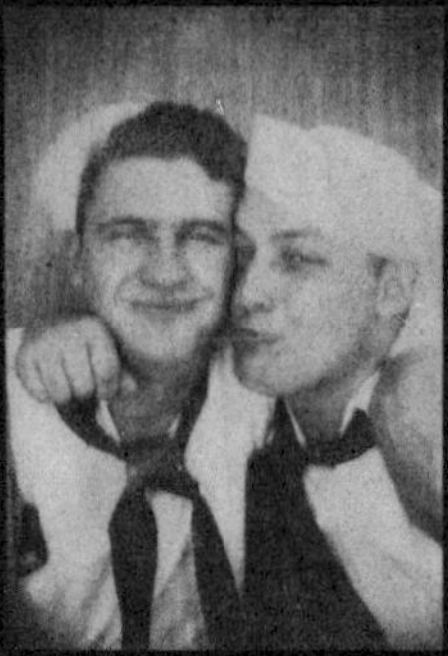
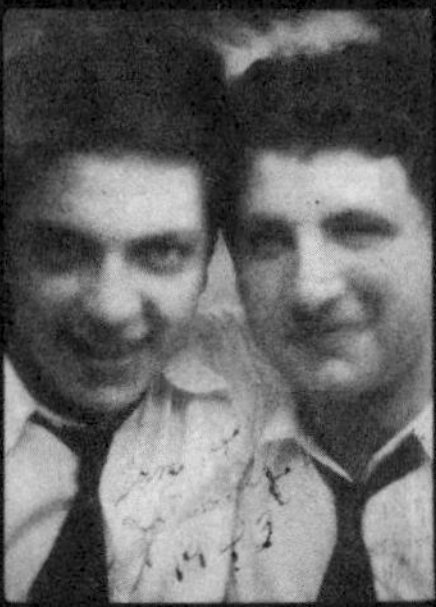
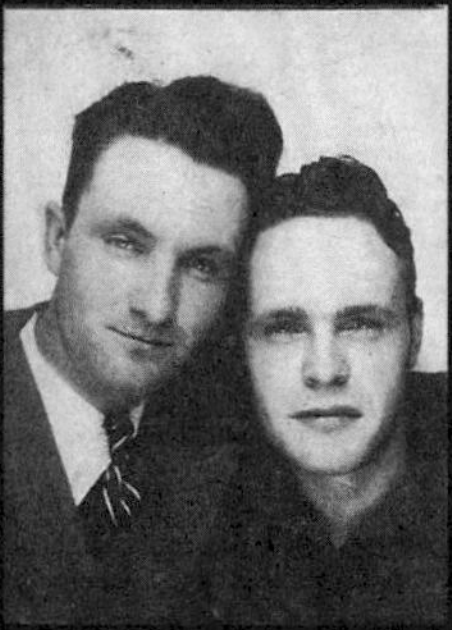
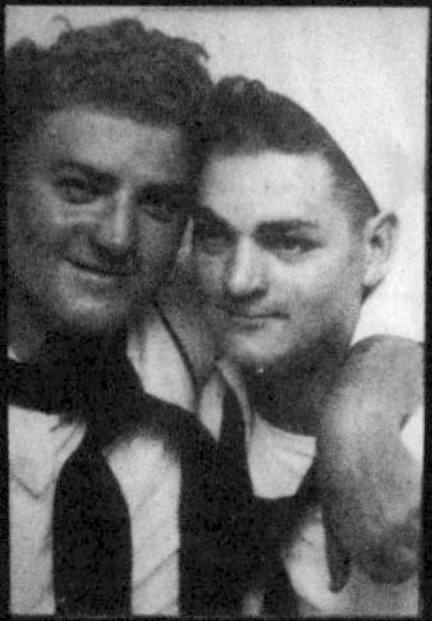
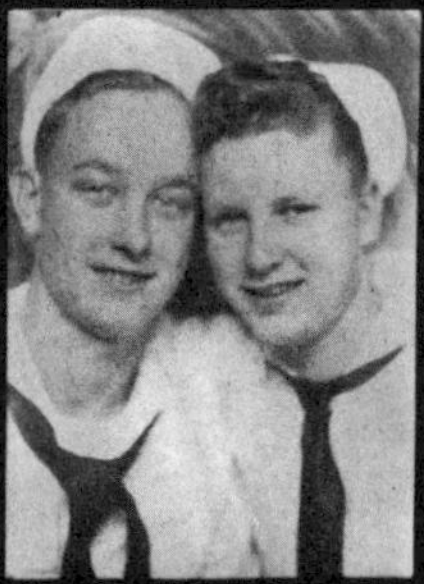
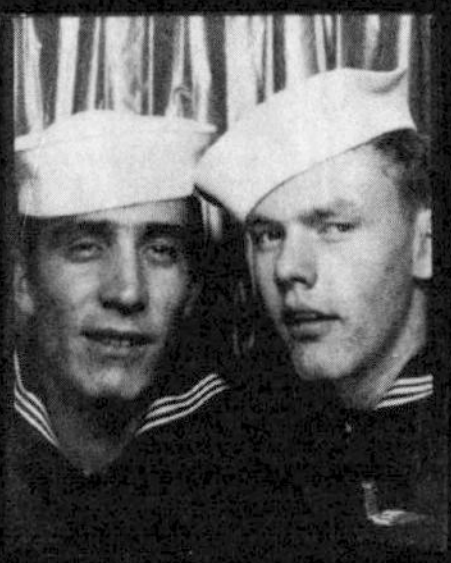
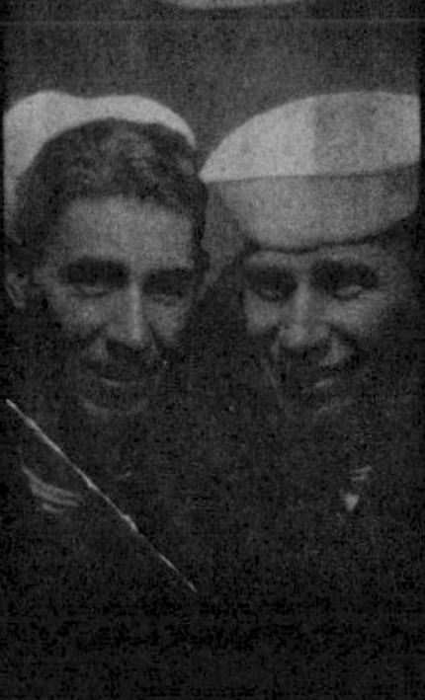
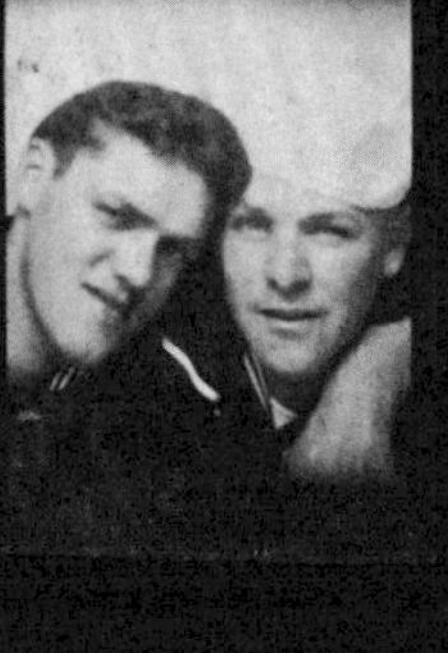

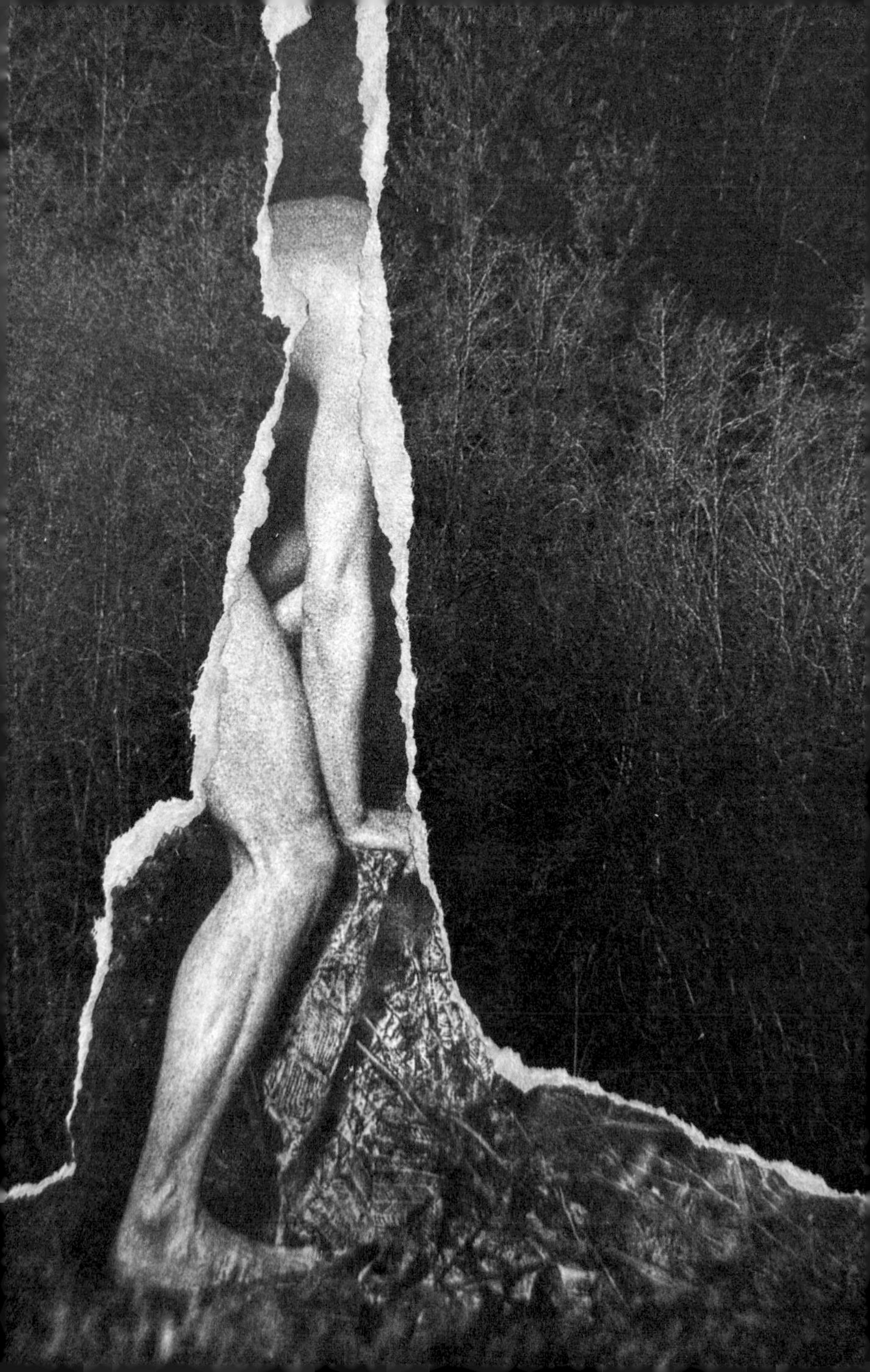

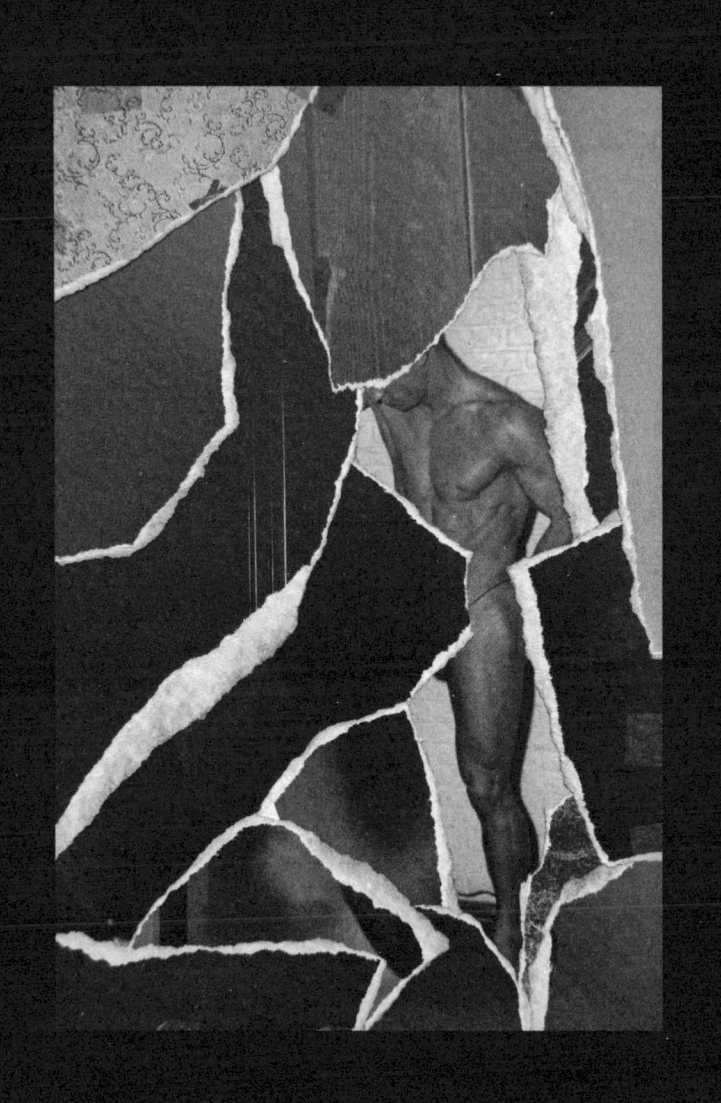

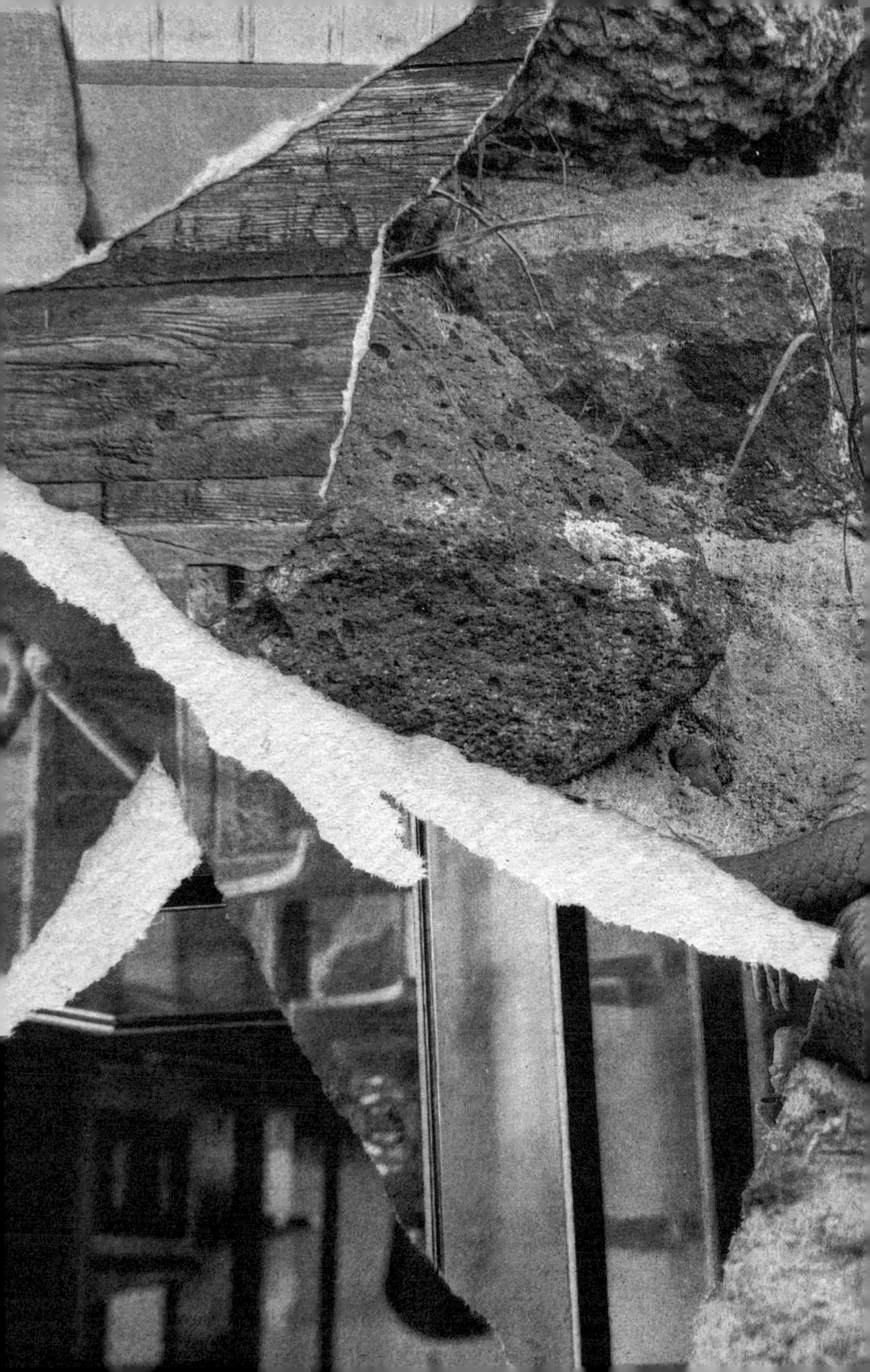

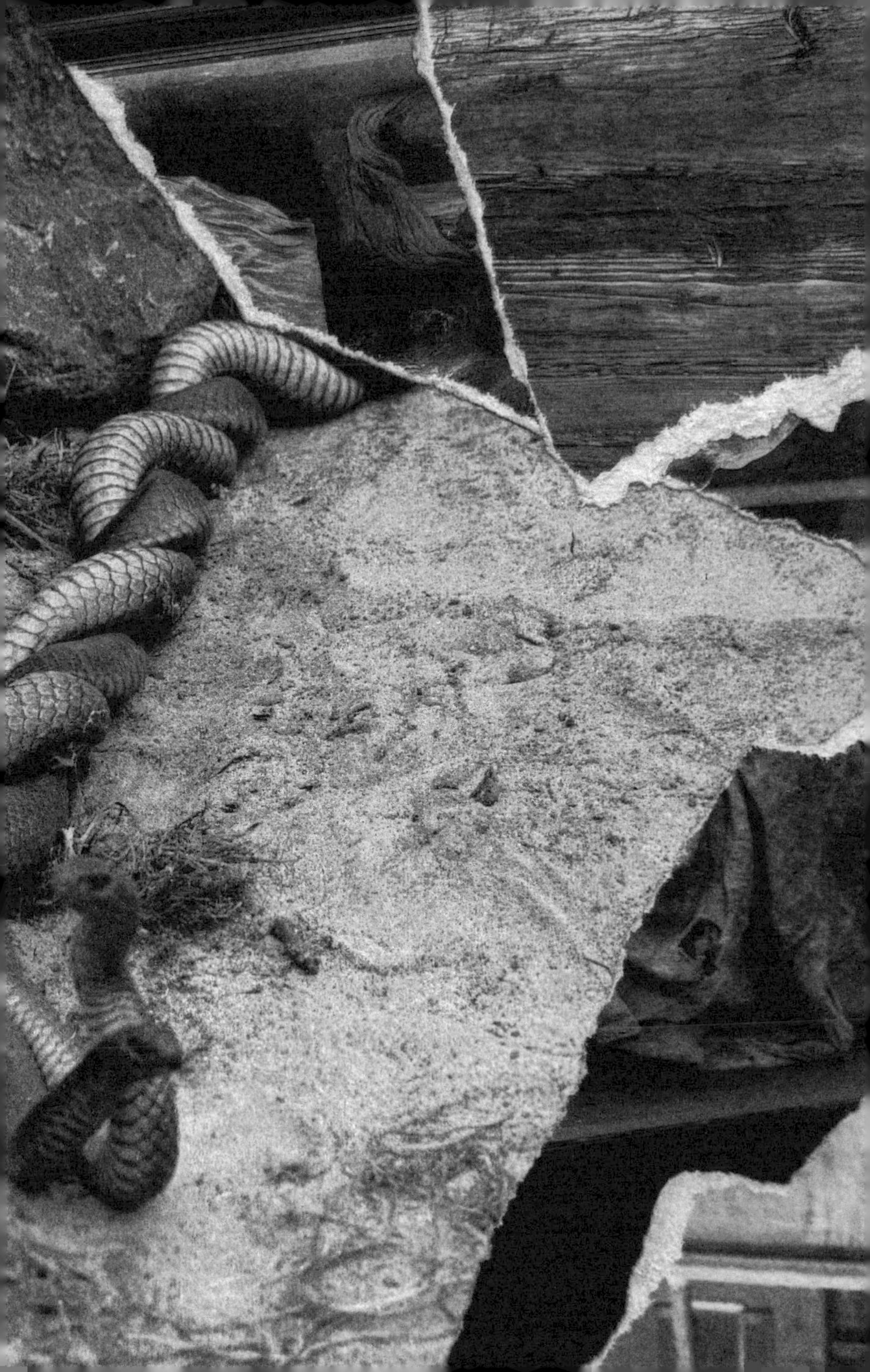

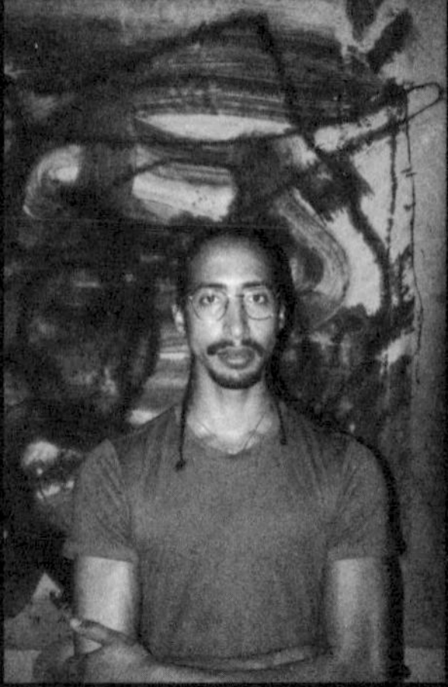
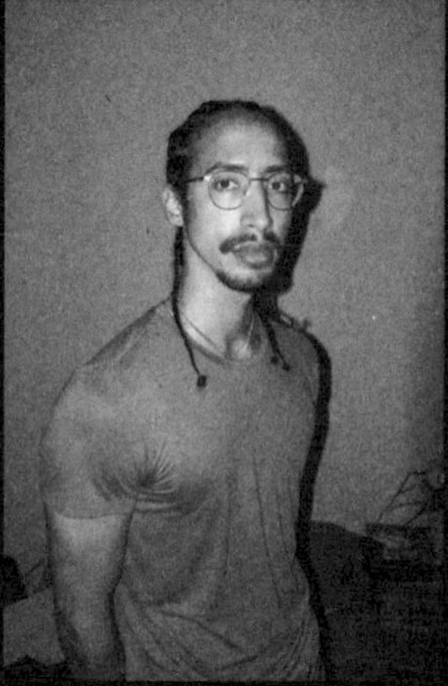
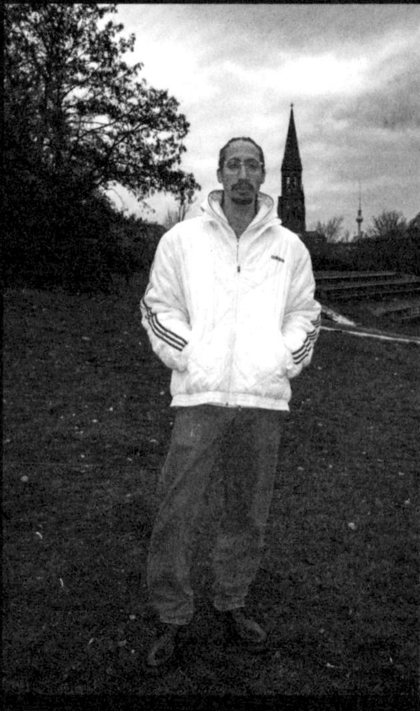

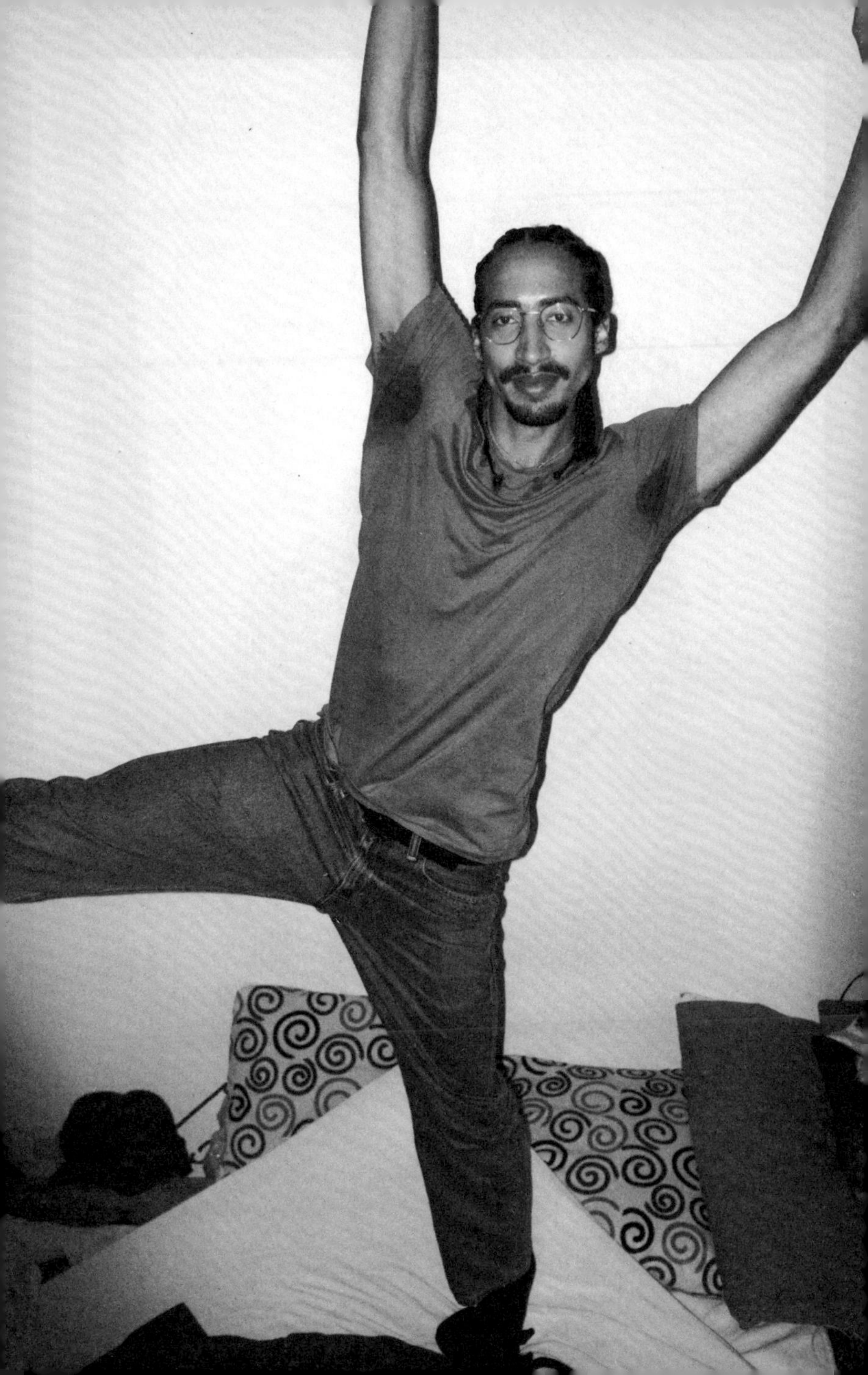

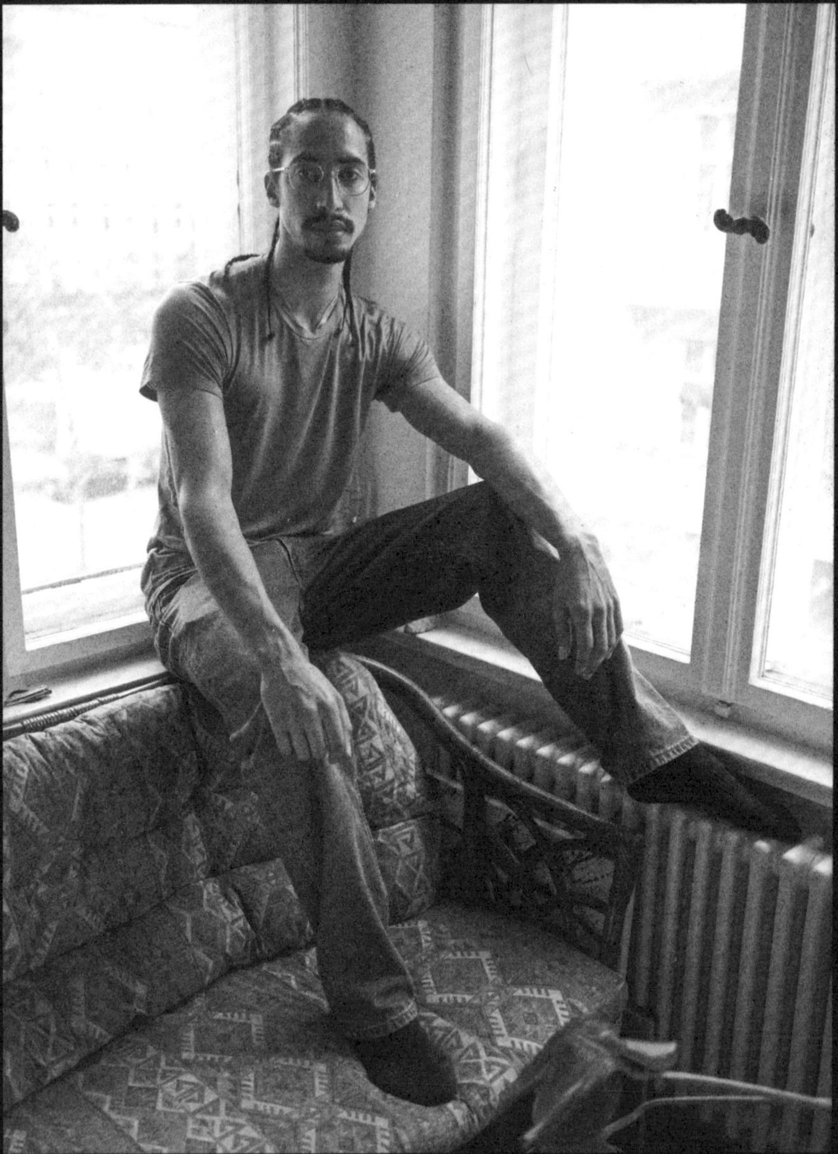

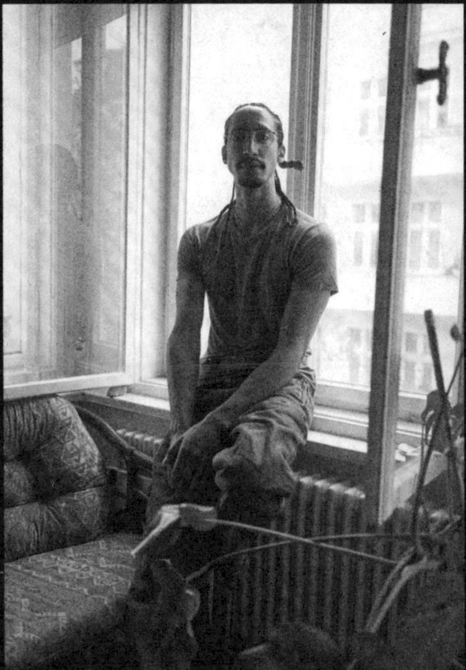

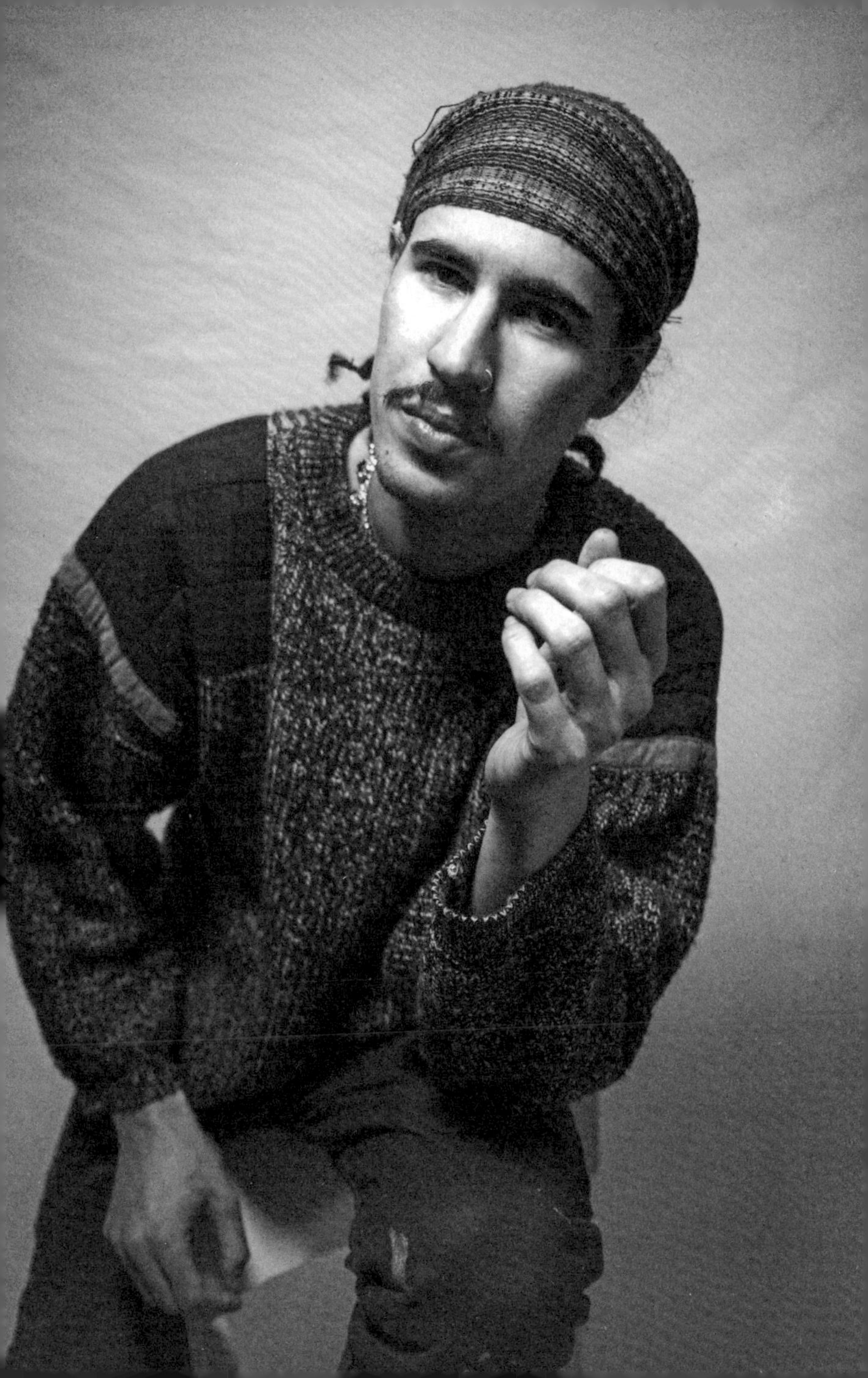

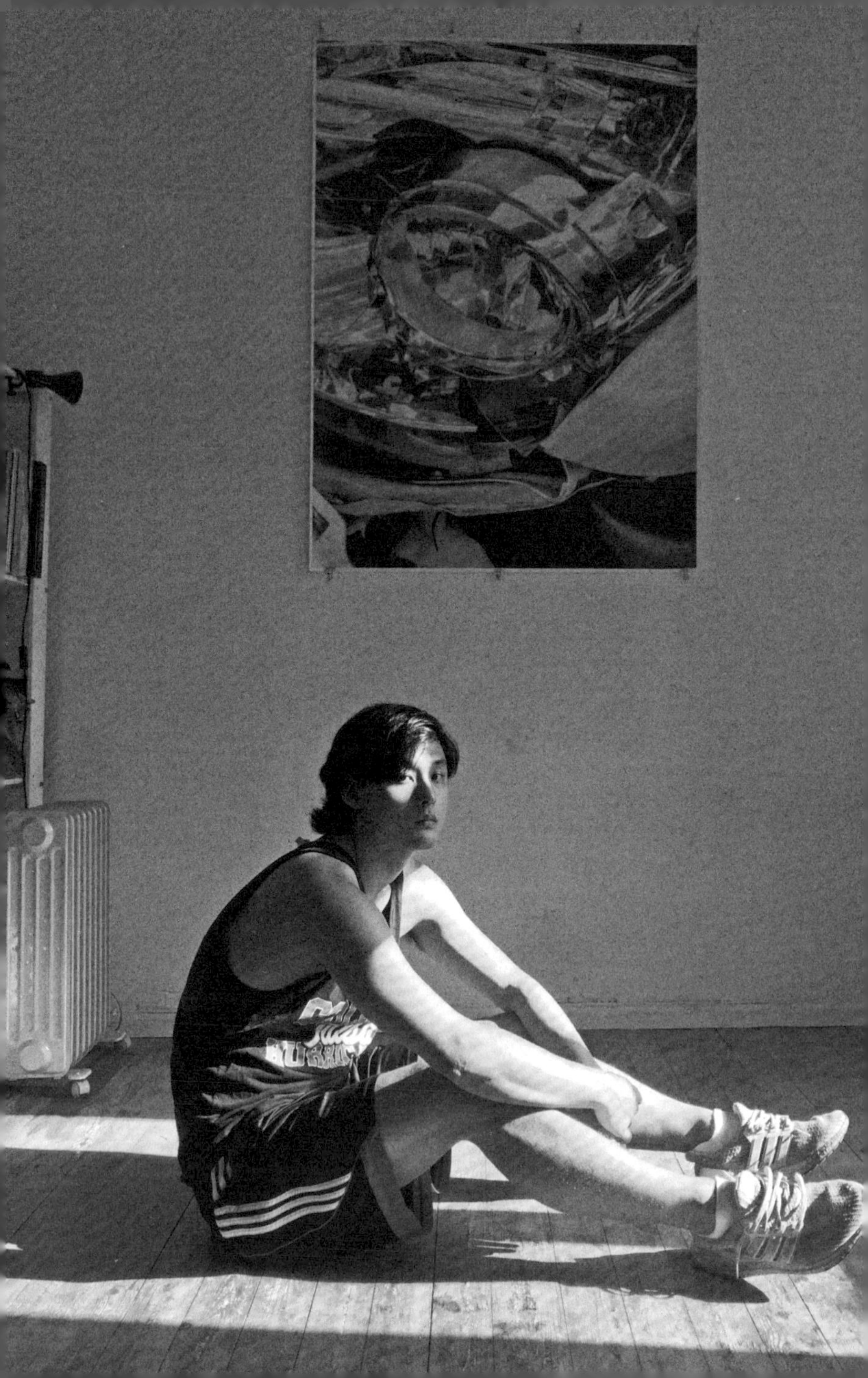

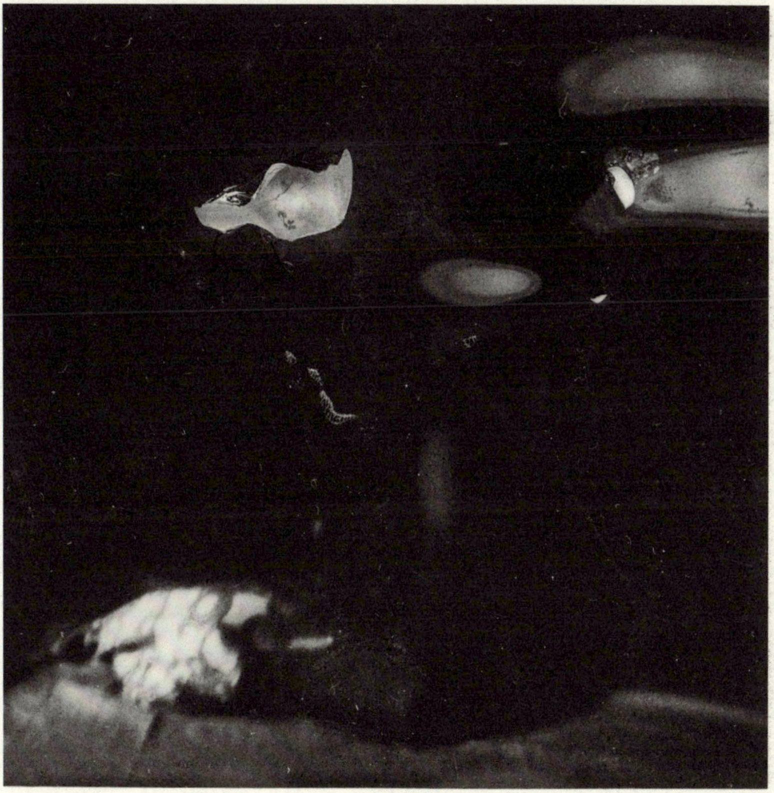

28

PREFÁCIO INTERESSANTÍSSIMO, UM SÉCULO DEPOIS

JOÃO SILVÉRIO TREVISAN*

---

*   Escritor, dramaturgo, jornalista, diretor e roteirista de cinema, é autor de *Devassos no paraíso* (1986), *Seis balas num buraco só* (1998), *Pai, pai* (2018) e *Meu irmão, eu mesmo* (2024), dentre outras obras que somam quinze publicações. Foi um dos fundadores, em 1978, do jornal *Lampião da Esquina*, primeira publicação homossexual do país, do qual também era editor, e do Somos, primeiro grupo brasileiro de luta pelos direitos LGBTI+. Venceu por três vezes os prêmios Jabuti e APCA e, em 2023, recebeu o título de Doutor Honoris Causa pela Universidade Federal de Uberlândia.

I

É de grande importância, por sua beleza e diversidade, o impacto das vozes poéticas que esta antologia provoca, tal como provocou em mim.

Comecemos pelo longo caminho percorrido até aqui. Um caminho a perder de vista no passado, desde que o primeiro homem descobriu ao seu lado um outro homem e sentiu seu corpo transtornado por um frêmito inexplicável. Talvez na Idade da Pedra, ou do Bronze, ou apenas dentro de cavernas dark-rúnicas de então, quando só se tremia de frio, medo ou fome. De estranhos e desconhecidos, os tremores foram aos poucos se configurando em tesão e só lentamente se compreendeu a emoção que os movia, até provocarem os primeiros laivos de expressividade poética. Da carne (untada com fluidos, esperma e merda), foram rabiscados em paredes, tijolinhos, papiros, pergaminhos, couros, papéis e finalmente pararam nas telas eletrônicas, recursos distantes entre si, mas amalgamados todos por aquele mesmo desejo estranho que percorreu os tempos e chegou intacto até nós, homens-lobisomens devotados ao amor dissonante. E nós demos prosseguimento, desavergonhadamente, ao nosso aprendizado rumo à sabedoria amorosa, que está sempre em processo, porque tal é o projeto da própria vida: crescer na consciência de que nunca estaremos prontos. Não por coincidência, essa é a mesma natureza da Poesia. Foi Gustav, um personagem do meu romance *Ana em Veneza*, quem me ensinou. Pintor rebelde e alcoólatra, balbucia enquanto agoniza: "Desde o primeiro poeta da humanidade, a Poesia é um estandarte rubro que vai atravessando a história, de mão em mão, de poeta para poeta, sem nunca esmorecer".

Nosso privilégio agora é olhar para trás e consultar ancestrais que nos brindaram com o alumbramento primevo, tantas vezes peso, tantas vezes cruz, ao carregar o Estandarte Rubro-Rubro da Poesia de um amor não previsto, desalinhado, dissidente, transgressor, veado. Seja lá quais tenham sido os nomes (e xingos concomitantes) que lhe foram carimbados no passar dos séculos e das nações, o certo é que esse amor encontrou sua mais adequada nomenclatura na Poesia — não obstante os xingos, os carimbos, o desprezo. Nesse longo percurso que mesclava paixão e *via crucis,* um número incalculável de obras ficaram esquecidas, perdidas ou destruídas para sempre. Nas mais diversas instâncias e linguagens poéticas, os séculos viveram todo tipo de apagamento do amor desviante.

Vejam-se os primórdios da cristandade: os Pais Fundadores Paulo de Tarso e Agostinho de Hipona imiscuíram na doutrina religiosa seu horror ao gozo carnal, que conheceram em orgias de homens, durante sua juventude, antes de se converterem. Então o Ocidente cristão incorporou ressentimentos e repressões sexuais que fizeram do amor a Deus uma muralha para a diversidade do amor humano. A partir do século IV, pergaminhos gregos e romanos, com escritos considerados pagãos, foram apagados e reutilizados pelos primeiros escribas cristãos para fins mais sagrados. Como se sabe, essa prática de reciclagem escondia intenções nem sempre inocentes, de vingança e revanche religiosa. Por exemplo, do longo relato *Satíricon,* de Petrônio, só chegaram até nós uns poucos fragmentos narrando o trisal entre Encólpio, Ascilto e seu servo Gitão. Nos séculos adiante prosseguiram as desfigurações, como nos poemas de Michelangelo Buonarroti e William Shakespeare, em que se alteraram para o gênero feminino aqueles poemas endereçados a outros homens. Mais tarde, eclodiu o rumoroso julgamento, seguido da prisão, de Oscar Wilde, evento que provocou pesadelos em homossexuais no mundo todo. Em Alexandria, os poemas de Konstantinos Kaváfis, amante de homens, só puderam ser publicados postumamente. Na Alemanha do período nazista, queimaram-se em praça pública todos os livros e pesquisas da biblioteca do Instituto de Sexologia criado pelo cientista gay Magnus Hirschfeld. Durante a Guerra Civil Espanhola, os fascistas fuzilaram Federico García Lorca, acusado de poeta revolucionário e *maricón*. Na Itália da década de 1960, Pier Paolo Pasolini sofre um bombardeio de processos judiciais dentro e fora da Itália, acusado de criar obras obscenas. No regime soviético, acontece a perseguição aos filmes-poema de Sergei Parajanov e a prisão em campo de trabalhos forçados do poeta Gennady Trifonov, ambos homossexuais. Na Inglaterra e nos Estados Unidos, o romance lésbico *O poço da solidão*, de Radclyffe Hall, sofre décadas de proibição por obscenidade. Por sua vez, nos anos 1950, o governo norte-americano processa judicialmente Allen Ginsberg e proíbe como obsceno seu poema "Uivo", que dizia profeticamente: "Eu vi as melhores cabeças da minha geração destruídas pela loucura". Em Cuba, o regime castrista proíbe as obras de José Lezama Lima e Reinaldo Arenas. O português Mário de Sá-Carneiro teve poemas homossexuais extirpados de sua obra completa, como aquele: "Eu queria ser mulher para mexer nos meus seios/ E aguçá-los ao espelho". Aliás, até recentemente, traduções ao português das odes de Horácio ignoravam aquelas de abordagem homoerótica. E o pendor queer de Kafka e Fernando Pessoa até hoje continua relutantemente ignorado por seus estudiosos. No Brasil, viu-se o apagamento de João do Rio, após sua morte, quando foi jogado nos rodapés dos estudos literários. Mário de Andrade, vítima de calúnias em vida, durante décadas sofreu censura póstuma às suas cartas de teor homossexual. E Cassandra Rios se tornou a escritora lésbica mais censurada pela ditadura militar, e confirmava: "Sim, eu sou lésbica".

Só um pequeno relato de incessantes perseguições, censuras, apagamentos, para não se esquecer.

II

Em réplica à *via crucis* repressiva, os poemas aqui presentes soam como permanência ou, se quiserem, resistência. Entre tantas outras vozes anonimamente disseminadas, eles dão voz ao desejo que recusa ser sufocado e, acima de tudo, celebra. Porque a voz dos poetas não é uma qualquer. Embute o olhar e o tom de profecia. Comprovando que não existe um *padrão bicha* de poetizar, são variados os estilos e abordagens na voz poética desta antologia. Há olhares políticos, críticos, filosóficos, inquiridores da palavra, e ironia de sobra. A voz veada do poeta pode tanto clamar aos céus quanto celebrar de modo desbragado as fricções e fluidos produzidos pelo gozo. Seja ao acusar o "medo adversativo" diante do pai homofóbico moribundo, que em todas as partes do mundo se recusa a deixar o filho macho viver sua própria vida de "imagem e semelhança invertidas" e "hábitos amorosos das mucosas". Seja ao celebrar os aplicativos que vão construindo o sonho do homem aguardado pelas novas Penélopes, aquele amado que "faz da terra um planeta mais difícil de destruir".

Aqui também são muitas as versões do amor, porque é dele que se trata. Assim, Ricardo Domeneck: "Se um amor cai no meio de uma/ serra/ e ninguém o ouve cair, ainda/ assim existe esse amor. O amor/ é uma esquisitice/ que melhor se cozinha calada,/ calado". Ou Moisés Alves, referenciando o rapto de Ganimedes: "um falcão/ me arrebata// um falcão/ me traz pelas garras/ e cumpre a sina/ de ficar com a vida até a borda". Há o olhar apaixonado de densidade direta e não menos contundente, como em Maykson Cardoso: "Olho-te — e és todo-*paisagem*, de vale e colinas,/ montanhas e escarpas, corais e falésias". Ou ainda: "Tu, que encarnas a *imagem* de todos/ os homens que vieram antes de nós". Disseminada por toda parte, encontra-se certa imagética surrealista, sofisticada e deliberadamente louca, libertária. Como em Leonam Cunha: "A nudez punha óculos", "um barco vazio singrava/ *lentamente* o nosso ventre", "Wallace tem um trem-bala/ no meio do peito/ que corre ao encontro/ de uma ponte caída" ou "É que eu te chupo com o sorriso de minha retina/ é que eu te toco com a palavra dilúvio". E Caetano Romão: "tinha a idade de dezenove anos/ quando o amor me infernizou de azul".

Acima de tudo, nota-se — não por acaso — forte influência de uma poética neobarroca, que bichas cubanas e argentinas (aqui Néstor Perlongher é um expoente) praticavam fervorosamente, na prosa e na poesia — tal como o faziam os cubanos Lezama Lima e Severo Sarduy. Isso implica: preciosismo na construção sintática e vocabular, estruturas quebradas ou contorcidas feito desmunhecação, da qual fazem parte o apreço por vocábulos de exotismo afrescalhado (chintz como chita; "o segredo do azul da pérsia") e pontuação freneticamente desconstruída — como nos poemas de Moisés Alves, Ismar Tirelli Neto, Eduardo Valmobida. As aparentes amostras de ostensivo desarranjo poemático aqui se tornam pérolas aos poucos: "fui o puro ardor das dunas/ tramei minhas estrelas à mentira noturna/ atravessando o pó da pedra". Ou, em tom apocalíptico: "seu corpo chega a mim como se deve achegar ao túmulo de um santo: sereno no temor".

Aponto ainda poemas que subvertem o teor bíblico, como no suposto diálogo entre Davi e Jônatas transcrito por Wallace Prado. Ou na leitura de Matheus Guménin Barreto: "Quem come minha fome:/ quem bebe meu sexo e as tardes de meus olhos:/ permanece em mim/ e eu nele". Ou a incógnita como modo de ser, nos belos poemas de Francisco Mallmann: "habitar o mistério/ quando a ti ele é/ negado". E sua ironia frente ao sagrado: "se deus voltar/ podemos recebê-lo de quatro/ [...] nós podemos apresentar deus à polícia/ aos políticos e aos pastores". Sabor de veneno, sabor bicha.

III

E aqui ouso deixar, como testemunho, pegadas dos poemas de amor que vivi, em gozo, carne, coração. Aos 24 anos, após uma tardia saída do armário, celebrei meu primeiro namorado, ele, amigo de uma incerta namorada minha. Eu disse pela primeira vez: este corpo é meu, inclusive o cu. Sem mais me conter, faminto de ser eu mesmo, saí pelo mundo conquistando meu desejo represado, mundo que me permitiu amar e gozar incansavelmente. Fosse no Coliseu romano, fosse no cais de Amsterdam ou num quartinho em Paris, amei. Amei também em Túnis, um certo Mohamed, e nas Ilhas Canárias fui chamado de *maricón* por um desconhecido que passava e odiou meus cabelos compridos. Amei. Mais tarde, em Berkeley ou na Cidade do México, mas também na Costa Rica e em Bogotá, amores, gozos, fortuitos ou não. E anos mais tarde em Munique, onde vivi minha primeira experiência S&M, junto ao lago de Starnberg, onde Ludwig II fora encontrado morto. Na diversidade dos banheiros públicos, em saunas, nos cinemas, em parques, em camas geladas ou em trailers cheios de pulgas, gozei em várias línguas, fosse acampando ao pé do vulcão Popocatépetl, fosse sonhando com ternos amores no topo do vulcão Irazú, mas também no Hyde Park londrino, onde soavam os murmúrios de *slaves* suplicando amor aos seus *masters*. Flanei às margens do lago Ontário, em Toronto, flagrando pintos duros em meio aos arbustos. E me encantei num *dark room* de Budapeste, onde homens de cabelos negros encaracolados e olhos azuis endiabravam-se, mas também na deslumbrante sauna pública em que michês romenos se ofereciam. E, sim, vivi grandes amores, nem sempre felizes, que me deram a medida mais exata possível de como era bom ser eu mesmo. Caberia num capítulo à parte.

Esses retalhos recolhidos ao acaso talvez componham o Cântico de Amor destes meus 80 anos, pra me juntar às novas gerações aqui representadas.

Mesmo censurado à direita e à esquerda, por escrever e incomodar como veado, aqui cheguei. E aqui lhes repasso o Estandarte Rubro-Rubro da Poesia. Que agora cabe a vocês levar adiante.

16. Mariquinhas

APRESENTAÇÃO

RICARDO DOMENECK[*]

[*] Estreou com o livro *Carta aos anfíbios* (Bem-Te-Vi, 2005) e desde então publicou mais de 10 livros entre poemas e contos, sendo mais recente o volume de poemas *Cabeça de galinha no chão de cimento* (Editora 34, 2023), vencedor do Prêmio Alphonsus de Guimaraens de Poesia da Biblioteca Nacional e do Jabuti em 2024. Vive e trabalha em Berlim.

Toda antologia é um ato crítico. Crítica, essa palavra contenciosa, que se agita contra nossos ideais de igualdade. Do latim *criticus, a, um*, que deriva, por sua vez, do grego antigo κριτικός ("que discerne") e κριτές ("juiz"). Quem quer ser juiz? Como escapar até mesmo das acepções religiosas do ato, o joio e o trigo, o escolhido e o condenado, num país como o Brasil, marcado desde sua invasão e colonização pela concepção judaico-cristã de história?

Em meio a isso tudo, cá está um ato crítico. Estes poetas, julgo, estão entre os técnicos da palavra mais interessantes neste nosso quarto de século. São poetas. Seu trabalho transcende questões biográficas. Mas essas questões biográficas estão em jogo aqui. Porque são poetas trabalhando dentro de uma tradição que pretendemos honrar e tentar delinear, mesmo que ela não esgote ou explique todo o trabalho destes autores.

O próprio nome dessa tradição pode ser contencioso, mas Tradição Homoerótica nos parece ser a melhor forma ainda de a descrever, para conectá-la dos autores aqui presentes a figuras de passados tão distantes quanto Calímaco, Catulo e Abū-Nuwās. Ou, mais próximos, remeter seus poemas a Konstantinos Kaváfis, Sosígenes Costa e Pier Paolo Pasolini.

Este ato crítico exige escolhas não apenas na seleção dos autores, mas em seu escopo temporal. Onde começar? Em seu ensaio sobre o modernismo e sua historiografia, o recentemente falecido Fredric Jameson escreve que o crítico está sempre diante deste dilema: não se pode realmente periodizar a escrita e, no entanto, tampouco se pode não a periodizar. Assumimos aqui esse dilema. Periodizamos esse recorte de tradição por aceitar sua inevitabilidade.

A escolha de Renato Negrão para abrir cronologicamente a antologia se dá por vermos nele uma figura de importância nessa tradição no Brasil e por termos seu trabalho como ponte entre os autores estreados no século XXI e os das gerações anteriores. É o único autor neste volume que foi publicado na última década do século passado. Todos os outros começam sua obra neste século. Encerramos a antologia com poemas de Caetano Romão, Alan Cardoso da Silva e Wallace Prado, os mais jovens. Por suas datas de nascimento, o volume engloba os anos de 1968 a 2000. Um fim de século. Os poemas, porém, foram todos compostos no século XXI, apesar da estreia de Renato Negrão em 1996.

É uma escolha. Tem seu grau de aleatoriedade. E tem também suas consequências, excluindo autores mais velhos e igualmente importantes para essa discussão no Brasil, como Silviano Santiago, Horácio Costa e Italo Moriconi, ainda vivos e ativos. Exclui também os antepassados do século XX, já mortos, como Mário de Andrade, Sosígenes Costa, Valério Pereliéchin, Lúcio Cardoso, Cassiano Nunes, Mário Faustino e Roberto Piva, entre outros. Uma antologia mais ampla seria bem-vinda, mas não seria esta. Para esta, fizemos as escolhas que fizemos.

Há outra questão contenciosa, espinhosa, e essa é política. Concentrou-se aqui no que chamamos de homoerótica masculina. O antigo "homem com homem", na expressão que se usava em minha infância, no interior do país. Mesmo esses conceitos foram colocados em questão nos últimos anos. Portanto, a única explicação que aqui podemos dar é que nos concentramos em autores que se identificam como homens e têm relações de afeto e paixão física com outros cidadãos que se identificam como homens.

Seriam muito bem-vindas também antologias que se concentrassem no "mulher com mulher", nas mais amplas acepções dessas identidades múltiplas. Já há exemplos no Brasil, e certamente outras virão. São poetas deste século, no Brasil, que se conectam a Safo de Lesbos, Sóror Juana Inés de la Cruz e Gertrude Stein. Pensamos aqui em figuras fundamentais da contemporaneidade, como Simone Brantes, Angélica Freitas e

Tatiana Pequeno. Essa seria uma discussão interessante: há diferenças estéticas e históricas entre os poetas da trupe de Catulo e Kafávis e as poetas da trupe de Safo e Stein? Essas antologias querem auxiliar os críticos nessa conversa, tornando acessíveis os poetas dessas tradições. Assim como seriam bem-vindas antologias que pudessem questionar os próprios conceitos de homem e mulher. Há excelentes poetas trabalhando nesse campo, como Tom Nóbrega e Raquel Alves, ainda que seus trabalhos transcendam em muito essas questões. Fazemos votos de que mais antologias surjam no cenário.

Gostaria de agradecer imensamente aos artistas brasileiros Nino Cais e Marcelo Amorim, assim como aos alemães Eugen Bräunig, Paul Mecky e Lucas Bihler, por cederem imagens de seus trabalhos como iconografia para essa investigação de certo desejo e a velha sideração das belezas múltiplas.

Uma última questão é incontornável e pessoal. Houvesse eu organizado uma antologia de qualquer outra natureza, jamais incluiria meu próprio trabalho. Mas, sendo esta antologia a de poetas homoeróticos, num contexto político como o atual no Brasil, incluir-me é como o *stand and be counted*, na expressão inglesa. Esta é minha laia. Aconteça o que acontecer com essa tradição e estes poetas nos anos e décadas que se seguirem, eu me coloco do lado deles.

HOMEM
COM

HOMEM

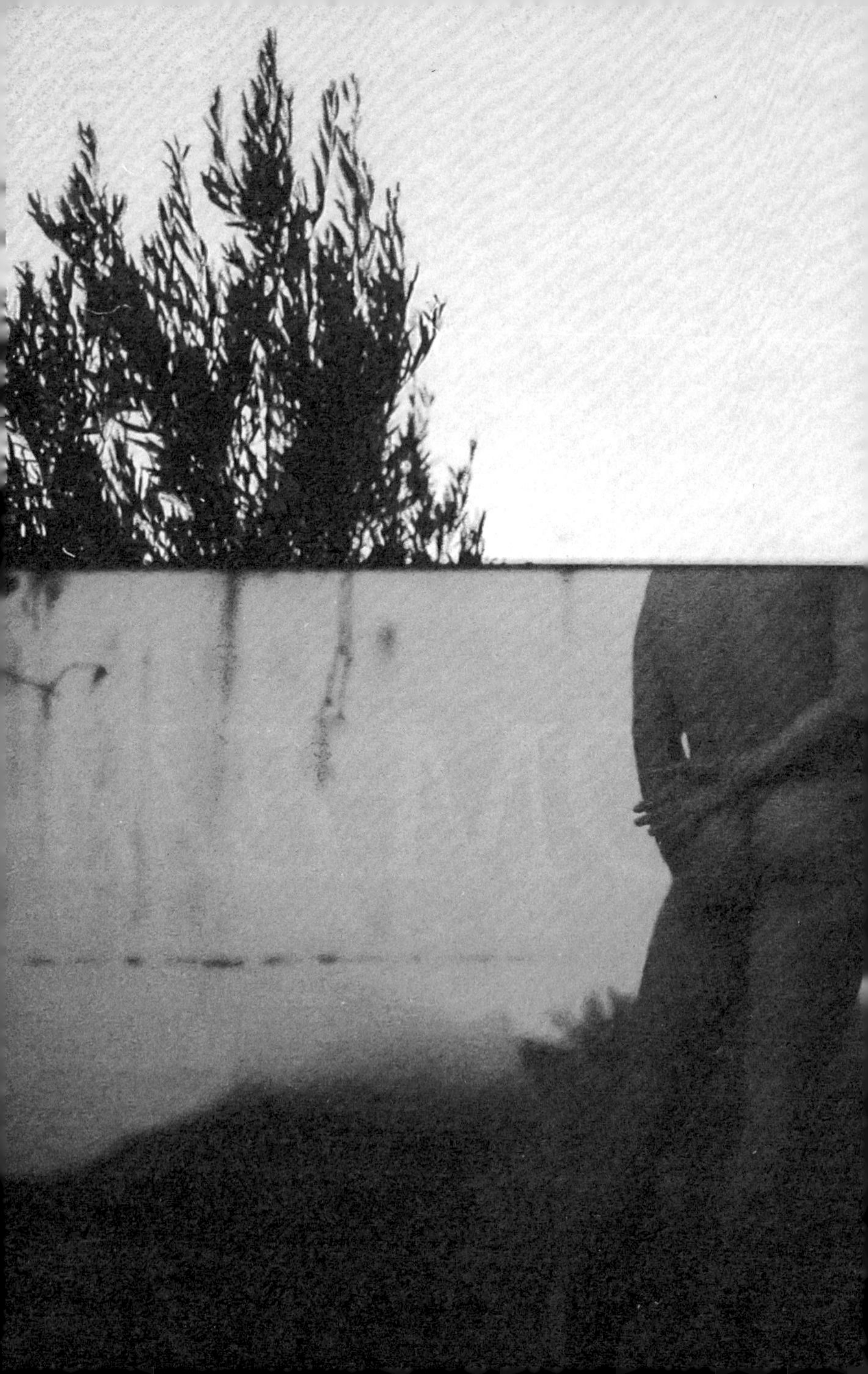

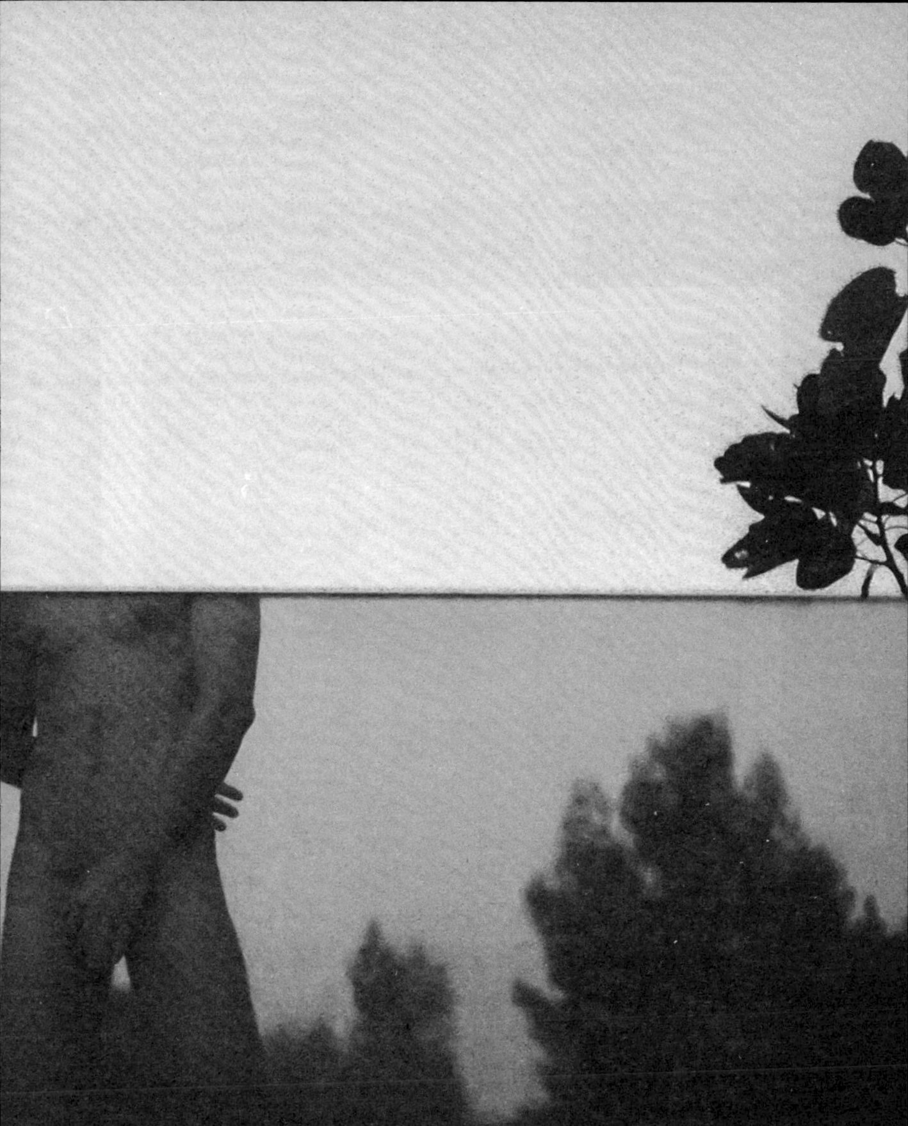

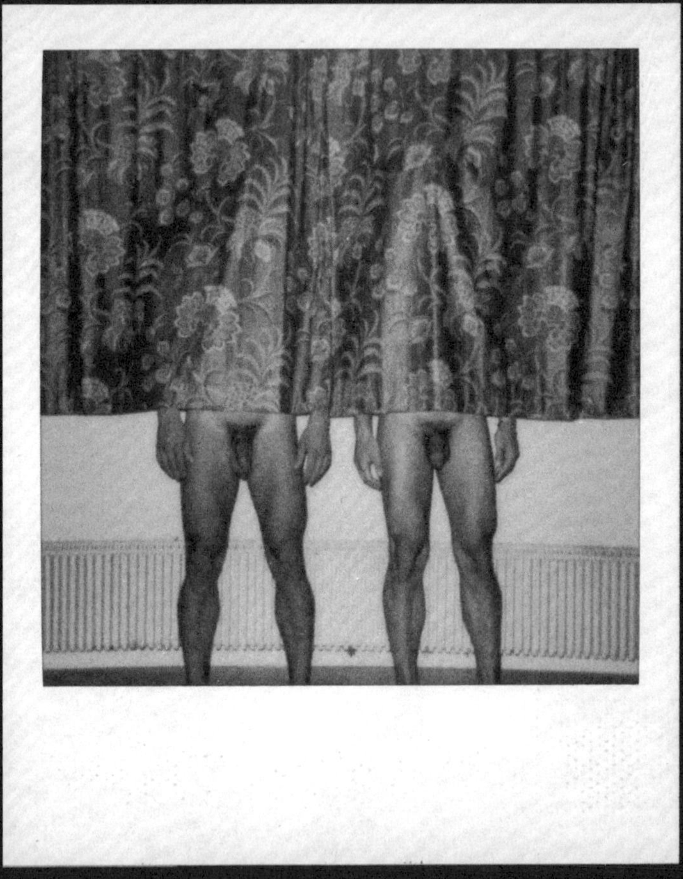

RENATO NEGRÃO

Belo Horizonte, Minas Gerais, 1968

Publicou *Vicente viciado* (Rótula, 2012), *Odisseia vácuo* (SQN Biblioteca, 2019), *Escrevam-me* (Impressões de Minas, no prelo), entre outros livros. Integra a antologia *Retendre la Corde vocale* (Org. Patrick Quillier, Le Temps des Cerises, 2016). Além de poeta multilinguagens, é compositor, curador e educador. Realizou shows e performances em Barcelona, Lisboa e Berlim. Vive e trabalha em Belo Horizonte.

[ME AME OU ME CREME]

me ame ou me creme
baunilha chantilly sêmen
cinema fora da tela
sem princípios nem príncipes
te abraço como quem vai pro mar
e beijo como quem bebe o sol
quero passar os dias
contigo criatura vivendo
a vida numa tela pintada toda
fora da moldura

[O GAROTO SOPRA MINHA]

o garoto sopra minha
penugem da pele flui azul
fico baiano de prazer gozam
os dentes e toca
no rádio do meu ouvido
suas duas mãos
sangrando com sua mão que sua
segurando mina coração

PROGRAMA

nosso amor é metaesquema
nosso amor é bólide
nosso amor é tropicália
nosso amor é a arquitetura da favela

nosso amor é cosmococa
nosso amor é
suprassensorial nosso amor
é navilouca nosso amor é
parangolé

nosso amor é núcleo
nosso amor é subterrânia
nosso amor é delírio ambulatório
nosso amor é relevo espacial bilateral

nosso amor é programa
nosso amor é experimental
nosso amor é penetrável
nosso amor é nova objetividade

[CHOCAR O GALINHA]

chocar o galinha
o amigo
o turista

chocar o polícia
o mamãe
o ladrão

chocar o eletricista
chocar o zezinho
é a coisa mais fácil que há

o crítico choca a si próprio
chocar o ídolo
é preciso
já ao artista
chocar
não é preciso

FELINO

é macho
e é bicha
e gosta de mulher

que é mulher
e é macho
e adora homem

que é homem
e é bicha
e odeia homem

que é macho
e é homem
e não gosta de mulher

que é homem
e é homem
e gosta de menino

que é menine e
é menino
e gosta de adulto

que é menino e
é menino
e gosta de mulher

que é mulher
e é mulher
e gosta de mulher

que é homem
e é mulher
e gosta de homem

que é homem
e é homem
e gosta de travesti

que é homem
e é menina
e gosta de menino

que é menina
e é menina
e gosta de felino

ANTES

antes que eu fique mudo
antes que eu tente de novo
antes do próximo eclipse
antes que a grama cresça
antes que a água da chuva toque o solo

antes do próximo intervalo comercial
antes do jornal
entre o toque da chave na ignição
e o motor entrando em combustão
antes que o olho soletre as
palavras que a boca não diz
no silêncio entre a vogal
e a conso-
antes que o ar
que respiro entre no nariz

antes que a trava vire treva
antes que não haja futuro
antes que não seja passado
antes que eu pare no meio
antes do final do recreio

interrompo o tempo e te digo
te amo e quero que fique comigo

CAÍ DE MOTO EM LUANDA

caí de moto em luanda
e o porteiro do prédio com sua espingarda
me pediu dinheiro porque estava com fome
mas fome não costuma ser exatamente estômago vazio
é um desejo qualquer
uma necessidade outra dita
de uma forma mais corriqueira do que no brasil
falei pro menino anísio de quatorze anos
que me vendera cartões-postais
que o seu sorriso a mim parecia vir de bem longe no tempo
e chegou até ele no sonho de seu povo
ele se interessou pelo emicida
e não quis naquele momento dividir a conversa com
       [os outros garotos que se aglomeravam
            [ao nosso redor
o acidente de moto poderia ter sido grave
o motorista do heetch gostaria de vivenciar a liberdade
       [do carnaval do brasil
ele me levou em casa depois daquele encontro das bichas
       [recém-chegadas na cidade promovido por
            [aquela promoter de peruca loira
caí de moto em luanda enquanto tentava achar o
[endereço da livraria do ondjaki onde aconteceria
       [um bate-papo com o kalaf epalanga
por pouco não me machuquei no acidente de moto
feito gilberto gil em feliz por um triz
"mal escapo à fome
mal escapo aos tiros
mal escapo aos homens
mal escapo ao vírus [yeah]
passam raspando
tirando até meu verniz
passam raspando
tirando até meu verniz

o fato é que eu me viro mais que picolé
em boca de banguelo
por pouco, mas eu sempre tiro o dedo — é
na hora da porrada do martelo
e sempre fica tudo azul, mesmo depois
do medo me deixar verde-amarelo"
vitor flertou comigo e me pediu para tomar conta de
                                              [sua bolsa no jango veleiro
um bar estilo caribenho de frente pro mar
ele me pediu para tomar conta da sua bolsa
e eu fotografei o cara em direção à praia
que em linha reta aportaria talvez nos recifes da praia
                                                     [de boa viagem
mas na verdade eu estava fotografando o cara errado
porque o vitor surgiu de repente pela lateral
rimos
e daí ele me pediu que fizesse então as fotos
e foi andando em direção à praia e eu o segui
fotografando suas costas frente ao mar
mostrei as fotos pra ele
fizemos um vídeo juntos quando ele me perguntou se
o iago era meu noivo
e eu disse que era meu ex
fizemos uma pegação na praia já de noite
enquanto iago terminava seu chopp
e riu quando voltei para a mesa com areia na testa
vitor
angolano
filho de uma cardiologista com um juiz de direito
que fazia medicina em coimbra
e ajudava seu tio a cuidar das contas da fnac de lisboa
era a minha última noite em luanda
no outro dia seguiria para maputo e a queda da moto
                               [poderia ter prejudicado meus planos
pegou meu contato de zap e nos dias seguintes

me atordoava com mensagens de áudio e texto e ligações
[tarde da noite
algumas eu atendia para dizer que eu estava trabalhando
vitor
emocionado
como disseram natasha e hugo e márcio
dos homens em angola
comprou uma passagem para maputo
e eu disse que teria uns dias de folga lá pro dia nove
quando terminasse o trabalho
mas ele me ligava insistentemente
e quando ligava reclamava que eu lhe não dava atenção
foi quando ele disse que não queria ser a segunda opção
[de ninguém
aí eu expliquei que ele precisava entender de onde eu
[vinha
e eu disse que em minas gerais as pessoas eram muito
[desconfiadas
e que no brasil você ser a segunda opção de alguém
era um privilégio por vezes melhor do que ser a primeira
[opção
no que se seguiu uma pausa dramática
enquanto eu gargalhava por dentro
e que a melhor opção
seria ele cancelar a viagem
caí de moto em luanda
voltei ao brasil com escala em adis abeba
e no aeroporto fiz amizade imediata com o ruben
[atendente do café
e a camila mística poeta que voltava da índia e morava
[em salvador onde passaria três meses antes de
[retornar definitivamente a nova delhi
no avião assisti um filme nigeriano de baixo orçamento
tipo dramalhão mexicano muito interessante
peguei seis pares de meias amarelas e cinco cobertores

para fazer um agasalho com os mimos da ethiopian
                                                  [airlines
e do skylight hotel todos os produtos de uso
                                  [pessoal disponíveis
dos chinelos ao creme para o rosto
minha túnica inspirada em yamamoto me fazia passar
                [com certa tranquilidade entre muçulmanos
não fossem meus brincos e colares hippies
e quando se acessa o tinder uma tarja preta nos alerta
                    [que o país não é seguro para relacionamento
                    [entre pessoas do mesmo sexo e eu deveria
                    [assumir a responsabilidade em deixar meu
                                        [perfil aberto
falei pro menino anísio de quatorze anos
que me vendera cartões-postais
que o seu sorriso a mim parecia vir de bem longe no tempo
e chegou até ele no sonho de seu povo
ele se interessou pelo emicida
e a queda de moto em luanda poderia ter sido fatal

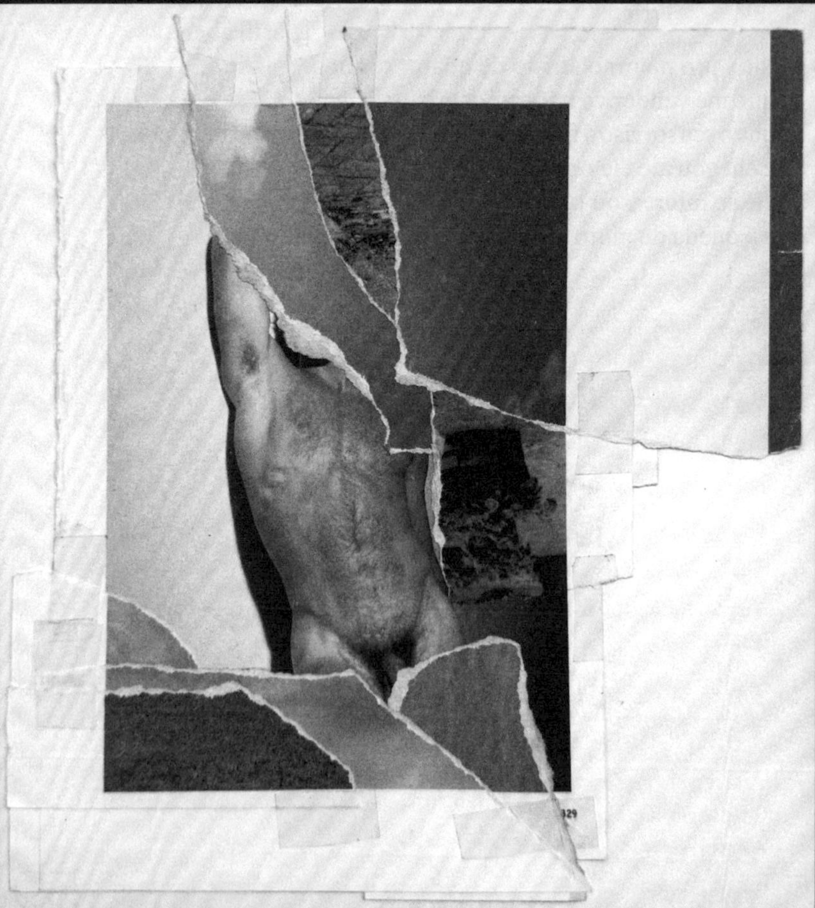

ELEAZAR CARRIAS

Tucuruí, Pará, 1977

Publicou os livros de poesia *Máquina* (Urutau, 2021), *Regras de fuga* (e-galáxia, 2017; Urutau, 2023) e *Quatro gavetas* (Fundação Cultural do Pará Tancredo Neves, 2009), além da plaquete *Perder partir* (Fictícia, 2023). Com *Quatro gavetas*, venceu o Prêmio Dalcídio Jurandir de Literatura 2008; com *Máquina*, foi semifinalista do Prêmio Oceanos 2022 e finalista do 4º Prêmio Mix Literário. Vive e trabalha em Tucuruí.

HISTÓRIA DE UM CORPO

Desconhecias os mitos:
o mundo se punha claro diante de ti.
Havia peixes nos rios
e um coro de macacos
para encerrar o dia.

Teu corpo era o único mistério
e o investigavas com teu vizinho
até que foram flagrados
por tua irmã, que advertiu:

é pecado. O resultado
era um palpitar momentâneo
imediatamente resolvido:
negociavas com tua irmã os teus pecados.

A cidade era um baile exótico.
Em vez de aguçar os sentidos,
paralisava tua imaginação.

Levou muito tempo para perceberes:
o mal-estar instalou-se
quando deixaste de cagar no mato.

O ELEITO

Gozo e rezo com a mesma devoção —
um coração tão grato
que Deus não resiste e perdoa,
enternecido
de eu não sentir
nenhuma culpa.

SANTIDADE

Meus erros trago-os comigo.
Com eles me cubro
de fina e pegajosa escama,
entupo orelhas
visto meus pés
faço uma auréola para o prepúcio.

Então saio na rua
como quem acabou de tomar
banho depois de rezar muito.

Por onde passo
vejo fármacos e advogados.

Percebem o mau disfarce
e me oferecem ajuda,
sabem que estou nu.

No entanto, estou
completamente coberto.

A cidade ferve de gente correta
faz 36 graus
mal posso respirar.
Não fosse meu manto de erros,
estaria coberto de medo
e meu pai coberto de vergonha.

ROMANCE

Na primeira vez que me amou,
cortou-me a orelha esquerda.
Jurava arrancar minha vaidade:
Nunca mais usa brinco.

Na terceira vez,
ele me matou
com duas facadas nos rins.
Uma promessa que nunca levei a sério.

Quando acordei de minha morte,
meu corpo ainda tinha
o cheiro da sua porra.

PRECE NA AVENIDA CENTRAL

Esses jovens morenos
que lavam carros ao sol,
perdoai-lhes, Senhor.
Perdoai-lhes ao menos

o ficar de costas nuas,
o andar de pés descalços.
Sobretudo, perdoai
o suor nos ombros largos.

Perdoai a indecência
lançada à moça que passa.
Mas, ainda, perdoai:

que grosseira tatuagem!
(Sobretudo, perdoai
o suor nos ombros largos.)

OS LIVROS

Os amigos que passaram por mim
não foram convidados.
Nunca os sonhei.
Os amigos que passaram por mim
eram todos atrevimento.
Punham em desordem o meu quarto,
atrasavam meu relógio
e depois me culpavam pela bagunça e por amá-los tanto.
Alguns pareciam Deus reencarnado.
Outros, tão belos de alma,
colocaram um demônio em meu espelho.
A todos chupei-lhes o pau
e lia livros que os segurassem comigo.
Bobagem. Eles se foram
e os livros ficaram.
Só os livros ficaram.

A CONFISSÃO DE DAVI

Amo-te como se me perfurassem os olhos
Amo-te cercado de olhos

Amo-te entre a escada e o abismo
Amo-te com essa dúvida antiga

Amo-te com medo e compromisso
Amo-te assim e além disso.

NOSOLOGIA

Não está claro ainda
quem de nós dois me consome
quem de nós ficou sem nome
confundido por tantas letras —
placas à beira do caminho.

Nunca se acostumar
com teu corpo, nunca deixar
de cobiçar a umidade
no teu lábio de mármore —
e ter de escolher um caminho.

Esta nosologia: separar
tudo que do outro recebi cativo;
nada que de mim é falta no amigo.
Não está claro ainda.

RICARDO DOMENECK

Bebedouro, São Paulo, 1977

Estreou com o livro *Carta aos anfíbios* (Bem-Te-Vi, 2005) e desde então publicou mais de 10 livros entre poemas e contos, sendo mais recente o volume de poemas *Cabeça de galinha no chão de cimento* (Editora 34, 2023), vencedor do Prêmio Alphonsus de Guimaraens de Poesia da Biblioteca Nacional e do Jabuti em 2024. Vive e trabalha em Berlim.

**TEXTO EM QUE O POETA CELEBRA
O AMANTE DE VINTE E CINCO ANOS**

Houve
guerras mais duradouras
que você.
Parabenizo-o pelo sucesso
hoje
de sobreviver à expectativa
de vida
de uma girafa ou morcego,
vaca
velha ou jiboia-constritora,
coruja.
Pinguins, ao redor do mundo,
e porcos,
com você concebidos, morrem.
Saturno,
desde que se fechou seu óvulo,
não
circundou o Sol uma vez única.
Stalker
que me guia pelas mil veredas
à Zona,
engatinha ainda outro inverno,
escondo
minha cara no seu peito glabro.
Fosse
possível, assinaria um contrato
com Lem
ou com os irmãos Strugatsky,
roteiristas
de nossos dias, noites futuras;
por trilha
sonora, Diamanda Galás muge
e bale,

crocita e ronrona, forniquemos.
Celebro
a mente sob os seus cabelos,
ereto,
anexado ao seu corpo, o pênis.
Algures,
um porco, seu contemporâneo,
chega
ao cimo de seu existir rotundo,
pergunto,
exausto em suor, se amantes,
de cílios
afinal unidos, contam ovelhas
antes
do sono, eufóricas e prenhas.

X + Y: UMA ODE

An refert, ubi et in qua arrigas?
Suetônio

Houvesse nascido
mulher, já teria dado
à luz sete
filhos de nove
homens distintos.
Agora, vivo entretido
com as teorias
a explicarem meu gosto
por odores específicos,
certa distribuição de pelos
nas pernas alheias,
os cabelos na nuca
e no peito
sem seios, ainda que aprecie
certas glândulas mamárias
de moços e rapazes
com aquela dose
saudabilíssima
aos meus olhos de hipertrofia.
Medito sobre as conjecturas
de terapeutas,
os relatos de uma Persona
partida, Édipo subnutrido,
sem modelo
na infância de um lendário
Laio
exemplar, lançando-me
a uma suposta
busca entre amantes

por mim mesmo.
Tentei, sem o menor
sucesso,
por dias induzir-me à ereção
diante do espelho.
Concluí não ser tão
eréctil meu ego.
Ouvi com atenção
a fórmula
sobre pai ausente e mãe
dominante a gerar rainhas
de paus, espadas e copas
lassas e loucas,
mas, apesar do meu histórico
de progenitora histérica
e procriador estoico,
meus irmãos
tão afeitos e afoitos
diante dos clitórides
embromam a estatística.
Li todas as reportagens
sobre a possível queerness
na *boutique* do código
genético, esta quermesse
das afinidades seduzidas,
e ri com o amigo
que certa vez, em chiste,
nomeou-me dispositivo
biológico
de uma Natureza em estresse,
medicando o hipercrescimento
populacional. Não mentirei dizendo
que não temo e tremo
com o perigo do inferno.
Cheguei, contudo, à conclusão
de que minha passagem

só de ida
ao Hades
não se dá
apenas pela inclinação
algo obcecada
de minha genitália
pelo caráter heterogêneo
dos vossos gametas.
Houvesse
nascido fêmea,
já teria dado à luz onze
filhotes de treze
machos diferentes,
e, de puta,
assegura
o Vaticano (e mesmo Hollywood),
não se conhece ascensão,
tão somente queda.
Portanto, poeta, pederasta e puta,
sigo com meus olhos pela rua
cada portador
desta combinação gloriosa
de cromossomas
X e Y,
chamem-se Chris ou Absalom,
com suas espaçadas proporções
entre os buracos
do crânio, a linha que se forma
entre orelhas e ombros,
as asas de suas omoplatas
e a coifa dos rotadores,
as simetrias volubilíssimas
entre as extremidades
excitantes e excitáveis
como nariz, pênis e dedos,
o número de pelos

entre o umbigo
e ninho púbico,
o formato dos dentes
e seu espelhamento
em diâmetro
nos pés e suas unhas.
Se andam como comem,
se bocejam como riem,
se bebem como tossem,
se fodem como dançam.
A absoluta falta de mistério
em alguns deles, incapazes
da dissimulação famosa
de certas personagens
literárias femininas
do século XIX.
Neles, é oblíqua
somente a ocasional
ereção inconveniente.
Constrangem-me
estas confissões,
mas cederia certos direitos políticos
por algumas dessas cristas ilíacas
já presenciadas em praias, ao sol,
e abriria mão de uma ida às urnas
este inverno por esta ou outra nuca.
E veja só como o planeta
insiste na demonstração empírica
dessa abundância de músculos
e seus reflexos
cremastéricos:
neste exato momento,
enquanto escrevo este textículo,
entra no café, em pleno Berlimbo,
um desses exemplares de garoto
canhestro e canhoto,

o boné cobrindo meio rosto,
prototipagem de barba
e bigode, calças
que me catapultam a fantasias
com skateboards como props,
sobrancelhas feito caterpillars
sitiando os olhos com promessas
de delícias e desfaçatez épicas.
Seu tênis é bege;
ao tirar o suéter, vê-se
a sua escala de Tanner.
Sua Calvin Klein.
Bege fico eu, adivinhando que pele
cobre seus joelhos, seus calcanhares.
Sonho o sexo biônico e homérico,
algo entre Aquiles e Pátroclo,
interpretados em nosso mundo
por Brad Pitt e Garrett Hedlund,
potros xucros como búfalos
ou bárbaros.
E este mundo está cheiíssimo
dessas distrações quase sádicas
para meu masoquismo
voluntarioso e em vício,
que impedem que componha
a minha Divina Commedia,
meu Paradise Lost.
Perdoe, Sr. Cânone,
esta minha tosca e parca
contribuição lírica à safra
de seus contemporâneos,
mas não me catalogue
entre as farsas, sátiras.
Pois não é, consinto, culpa
das massificações capitalistas
esta minha attention span

pouco renascentista,
mas desta explosão de cântaros
plenos de testosterona púbere
a ir e vir nos espaços públicos.
Quando passam, petiscos,
finger food em arrogância
cocky e garbosa, murmuro
na cavidade oca
da boca:
"Deviam ser proibidos
seus exageros de lindos".
Meu fim será nestes botecos
do Berlimbo,
entupindo-me de café preto
e esperando suas ocasiões
para escrever poemas
que vos celebrem, atores
principais deste longo pornô
em que me vi concebido, gerado
e expelido, coadjuvante
contente e dublado.
Agradeço-vos a oportunidade
de fazer do advérbio *sim*
uma interjeição obscena.
Aos outros, juro que não se trata
de encômio, louvor ou gabo.
Quisesse eu fazer apologia,
talvez dissesse
haver mais elegância
em "Sê meu erômenos
e eu serei teu erastes"
do que, ao cangote,
"Mim Tarzan, você Jane".
Não busco novos adeptos
que me façam concorrência.
Boys will be boys,

há quem diga, e, ora,
não vou dizer que espero
de todo moço
que seja Mozart
ou Beuys.
Haverá os momentos de caça
e rendição felizes, as poucas
vezes de sorte
em que seremos camareiros
de algum moço pasolínico,
com quem se poderá, enfim,
fazer o cama-supra, meia-nove
e então discutir no pós-coito
outros conceitos hifenizados
ao som de Cocteau Twins,
listar as guitarras de 1969,
nosso horror a Riefenstahl,
a obsessão por Fassbinder,
e oxalá sentir em meio a tal
loa uma nova ereção
cavucar
as malhas entre as dobras
do edredão
enquanto lemos poemas de Catulo,
Kaváfis.
Quando chegarem os bárbaros,
me encontrarão na cama;
que venham porém armados,
pois hei de estar acompanhado,
e em riste as nossas lanças.

AS PERNAS DE PAUL

a Paul Mecky

Herdei teu par de calças
fabricadas num denim escuro
porque nelas tuas coxas
se tornaram grossas demais.

Só para roupas
com limites de esgarçamento
tua mecânica de locomoção
atingiria corpulência indesejada.

Tua ossatura
é o que há de impor fronteiras
à estatura
do teu corpo.

Teu fêmur
é constante e fiel
como eu.

Caminhei portanto hoje,
querido, com pernas próprias
nesse denim.

E um calor-frio percorria
minhas coxas, quadris e bacia
até alojar-se na barriga
quando eu curvava o pescoço
em atenção centrípeta
para esta peça que já fora tua.

É que a luz
tinha seu reflexo no tecido,
fazendo-o de um escuro
tom de cinza em meus olhos,
assim como o céu
de denim em Berlim.

Tuas pernas evoluíam longe,
e teus olhos,
em outros tons no céu
de seda em Beijing.

E eu via, acima do joelho
direito, aquele remendo
visível, o cerzir de pontos resistentes,
feito por mãos hábeis.

Inevitável lembrar-me
que esse conserto
cobriu tua pele e recheio.

O cerzido
ficava ainda mais visível
nas calças quando menos
as empalhavas do que encarnavas.

Porque ali, sobre a cúpula
da rótula surgia o triângulo
másculo criado
por aqueles três músculos
amiúde inchados num homem:

o longo adutor, o reto femoral e o vasto medial.

É típico nesse país
de ciclistas

como tu, ou no meu
em jogadores de futebol,
que essa carne tripartida
descenda até o joelho
com seus ligamentos
formando um pequeno vale
onde tenho certeza
que eu poderia encaixar
meu queixo.

RETRATO DE UM TOURO

Quando primeiro
o vi no campo comum
do pasto das Humanas,
remoía ante a lousa
seu monólogo arcaizante,
ereto seu corpo herculano,
o peitoral contra o ar
qual quilha de albatroz
ou caravela cabralina.

Era um bicho luminoso,
perfeito para sacrifícios
a um deus qualquer do sol,
todo ele um pleito solar
de polares plexos.
Enchia o peito, e o oxigênio
era o mais grato entre nós
por habitá-lo via pulmões
qual fora seu *daemon*.

Como todos
os que não duvidam
do mundo feito
à sua imagem e semelhança,
talhado à sua medida,
opinava alto. Mugia.
Rugia e urgia os machos
ao redor, naquela forma
com que se congregam,
forte em sua alfatização
de líder nato de matilhas,
e saúde exalava-se
por poros entre pelos
loiros, mutações do frio

fora dos Trópicos
de Câncer e Capricórnio.

Equilibrava-se, bípede,
qual flamingo musculoso
sobre um pé só,
ainda que suas pernas
mais se assemelhassem
às de touros, ou troncos.
As mangas da camisa
de flanela xadrez
 — como as grades
que ali me cercaram
para o resto dos dias —
expunham, arregaçadas,
seu antebraço à mostra
como as calças
de moletom cinza, erguidas
até o joelho, eram presas
por suas panturrilhas.
Fazia calor, muito calor
naquele mundo de homens.

Mondriano, quadrado
e retangular, carvalhoso,
guardavam suas roupas
seus ombros de vigas,
e suas mãos enormes
eram dragas contra
o meu barro informe.
Tudo nele
era desproporcional,
como um homem.

Estranha espécie de touro,
que não capina

em seu próprio couro,
mas carrega sobre torso
e pernas a pele-extra
feita do pelo
de outros herbívoros.
Touro com pelo de ovelha!,
corpulento, grosso e coberto
por finos fios têxteis de lã
que tão bem serviriam
a uma Ariadne qualquer,
se não a uma Penélope.

Será predador de quais espécies
esse enganoso touro carnívoro?
Por certo de cabras como eu.

Mas será quiçá ainda
seu fabuloso destino,
como todo touro branco,
dádiva de Possêidon
ou outras entidades marítimas,
seduzir Pasifaes
— que não sou nenhuma —
ou será já o Minotauro,
e eu, presa no labirinto
de hormônios em discórdia?

Seu tórax-baú-de-tesouro,
antiaerodinâmico,
é robusto como as barcas
do Solimões e do Amazonas,
protegido à frente como elas
com suas carrancas
de macho a quem tudo
pertence e merece pertencer.
Mas ao olhá-lo nas fotografias

— nossos afrescos contemporâneos —
não sei se terá cabeça de touro
e corpo de homem, ou cabeça
humana e corpo taurino.

Sendo um homem como todos
e um homem como ninguém,
tem cara de pau
para toda obra:
não me surpreenderia vê-lo
nem como boxeador
no Madison Square Garden
nem como poeta louco
numa torre em Tübingen.

Tão bem seria figurante,
vestido de soldado romano,
gládio e escudo nos braços
em filme sobre a batalha
que dizimara a Nona Legião
na floresta de Teutoburg,
como, do outro lado do cenário,
um bárbaro teutão
lançando-se contra as falanges.

Que ele se sonhe Dragão
da Independência
a proteger Dom Pedro III
ou poeta sob Augusto
a cantar bucólicas vacas,
não me importa.
É o vitruviano
ante o qual meço
o bojo de um impulso vital,
chame-se a esse pulso
o que irriga as veias
de Eros, Rudá ou Oxum.

No seu corpo os louvo.
Todos os deuses
da fertilidade
nos sucos sagrados
que o seu corpo reprodutor
produz, coberto da luz.
É ele sua própria luz.

AÇÃO DE GRAÇA PELO DESCONHECIDO

Obrigado, Santa Rita, padroeira
dos que passam a vida
de quatro, pela graça desse
menino,
mineiro de naturalidade, não
      de profissão.

Ele existe, inteiriço, completo,
dorminhoco a meu lado,
enquanto o ônibus sacoleja
pela Serra do Espinhaço,
entre Curvelo e Diamantina.

Fruto do mistério violento
desse liquidificador de sangues,
ele é um triângulo de bermudas.
E aqui, com a cabeça quase a
pender
sobre meu ombro, feito um dono
do mundo, ele cabeceia
      no sono o nada.

Quem terão sido os dezesseis
trisavós e trinta e dois
tataravós desse campeão,
desse vencedor contra a sub-
-nutrição de tantas e tamanhas
      gerações raquíticas?
Quais finaram de doenças
estrangeiras,
quais comeram terra no banzo,
quais mataram-se
no banalíssimo desespero
cotidiano?

De quais guerras e epidemias
escaparam, ilesos
ou não, para que esse corpo
forte, descendente aperfeiçoado,
cruzasse em relativa paz
esse território pedregoso
do nosso quinhão de mundo?

Santa Rita, ele mais parece
um faraó, um tlatoani, um xá,
e eu gostaria tanto de vê-lo
interpretando Tutancâmon,
Nezahualcóyotl ou Reza Pahlavi
na minha Hollywood pessoal.

Na orelha esquerda, ele
carrega uma cruz, um brinco da
Cruz,
ah! esses nossos modernismos
arcaizantes! Santa Rita, rogai
      por estes pés
seminus na tanga das havaianas.
Fico toda adélia nesses prados
ao ver o que se anexa
a seus calcanhares. Dois!
      Com cinco dedos cada!

Minha alegria é a perfeição
de suas unhas tão bem fabricadas,
que jamais despedaçaram presa
alguma. Seus dentes saudáveis
que rasgam a carne de outros
e que outros mataram. Eu o amo.
Não, eu não o amo. Quem
ama estranhos totais? Eu amo
estranhos totais.

Eu amo esse estranho total.
Ele não precisa saber. Meu amor
floresce nessa insciência alheia.
Se um amor cai no meio de uma
serra
e ninguém o ouve cair, ainda
assim existe esse amor. O amor
é uma esquisitice
que melhor se cozinha calada,
calado.

Galado está o ovo do amor.
Da orelha do rapaz pende
   uma cruz
na qual crucifico-me de bom grado.
Benzadeus,
cabeça encaracolada, agradeça
   seus pais, delicioso húmus
futuro.
Vem ver, Adriano. Vem ver,
Constantino.
Essas estátuas biodegradáveis são
   meus credos e minhas cruzes,
uia, saudabilíssimo tabu,
   eita, saudabilíssimo totem.

CANÇÃO PARA TRISTÃO

a Tristan Zlotkowski

Vejo as costas do menino
se formarem nas costas
do rapaz, então do homem.
Uma expansão geográfica.
Montanhas que se erguem
ao céu por atritos e fricções
tectônicas, e as ficções
da macheza difícil, funções
subterrâneas — cutâneas.
Os arcos, flechas e lanças
do passado, deixados
no chão para arqueólogos.
Outras guerras, outras armas
espreitam nas fronteiras,
esses perigos terríveis
de que um dia esse menino,
esse rapaz ora homem,
seja chamado à escaramuça.
É genuína a compaixão
por suas dores, no veneno
que vila e povo exigem
da nossa macheza bélica.
Vejo as palavras do menino
se formarem nas palavras
do rapaz, então do homem.
Ao seu redor, sua menina,
sua moça, sua mulher. Juntos
aprendem a lidar e lutar
nas trincheiras, amor e sexo,
o poder e as rendições.

Minha compaixão é genuína,
Tristan, Drustanus, Trystan.
Essa busca pelo Santo Graal
a que fomos lançados
sem espada e sem lança,
sem mais saber se é santo
o cálice do qual bebemos.
Chame-se Rafaela ou Isolda,
também por ela é genuína
minha compaixão, por todos
os amantes jovens do planeta
e desse nosso tempo difícil.
Vejo você, menino, rapaz, homem,
Tristram, Tristyn, Tristain,
e rezo: seja leve a busca
pelo romance, a rosa, o cálice.

CARTA AO PAI

Agora que o senhor
mais assemelha pedaço
de carne com dois olhos
dirigidos ao teto escuro
no leito em que provável
só não há de morrer só
porque nem a própria
saliva poderá engolir
por si na companhia
somente desta sonda
que o alimenta
me pergunto se ainda
em validade a proibição
da mãe em confessar
ao senhor os hábitos
amorosos das mucosas
que são minhas
e se deveras me amaria
tanto menos soubesse
quanta fricção já tiveram
que não lhes cabia
biológica ou religiosa
-mente e se também
pediria para sua filhoa
a morte que desejou
a tantos de minha laia
quando surgiam na tela
da Globo da Record
da Manchete do SBT
que sempre constituíram
seu cordão umbilical
com a tradição
e se deveras faria
sobrevir a eles

grande destruição
pela violência
com que urrava
seus xingamentos
típicos de macho
nascido no interior
desse país de machos
interiores e quebrados
em seus orgulhos falhos
de crer que o pai
é o que abarrota
geladeiras e não deixa
que falte à mesa
o alimento que nutre
as mesmas mucosas
em que corre
o seu sangue
mas não seu Deus
e ora neste leito partido
o cérebro em veias
como riachos insistentes
em correr
fora das margens
se o senhor
soubesse o dolo
com que manchei
a mesa
de todos os patriarcas
ainda me pergunto
se me receberia
com a mansidão
que aceita na testa
o beijo desta sua filhoa
que nada mais é
que a sua imagem
e semelhança invertidas

tal espelho
que refletisse opostos
de gênero e religião
ou o desenho
animado na infância
de uma Sala de Justiça
onde numa tela
podia-se observar
um mundo ao avesso
e se o Pai e o pai
odeiam deveras
o gerado nas normas
da Biologia e Religião
mais tarde porém gerido
na transgressão das leis
que o Pai e o pai
impõem-nos na ciência
de sermos todos falhos
nessa Terra onde procriar
é tão frequente
que gere prazer
nenhum e olho
o senhor
com essas pupilas
que talvez jamais
reflitam o Pai
mas ora veem o pai
eu
mesmo pedaço
de carne
com dois olhos
peço perdão
em silêncio
pois sequer posso
dizer que não
mais há tempo

e mesmo assim
e porém
e no entanto
e contudo
pelo medo adversativo
de talvez abalar
um sistema rudimentar
de alicerces
sob a casa
sob o quarto
sob esta cama
de hospital
emprestada
escolho
uma vez mais
o silêncio

RAFAEL MANTOVANI

São Paulo, São Paulo, 1980

Publicou os livros *Cão* (Hedra, 2011) e *Você esqueceu uma coisa aqui* (Macondo, 2019; Enfermaria 6, 2020), que foi finalista do Prêmio Mix Literário 2019 e publicado como e-book em inglês (*You Left Something Here*, trad. de Chris Daniels, violacious euphoRia, 2021). Teve poemas publicados em diversas revistas e antologias no Brasil e na Europa. Vive e trabalha em São Paulo.

APLICATIVO DE DATE

o brilho espesso da luzinha
de novas mensagens no vidro
espesso quase um aperto
de braços, quase já um peito
apertado, o amor já quase acontecido

quase valeu a pena esperar
quase fez sentido
o fio humilde da insistência
tantas vezes rompido e colado com saliva
nova, o desisto desdito, esquecido
renegociado

penélope supostamente
desfazia à noite a resignação
tecida ao longo do dia
aqui é quase a mesma coisa:
mas com dedos mais aflitos, expeditos
escolhendo fotos pelo cheiro
inventando perguntas que façam diferença
amarrando começos e enviando endereços
rasgando o cobertor espesso que a noite quer nos
                              [deitar em cima
porque supostamente já somos adultos
o suficiente pra dormir sozinhos

(mas penélope pelo menos
sabia quem era o homem
nós, por via das dúvidas, vamos acumulando
— cada rosto
cada sonho
cada nome).

01

agradeço à elegância da redoma
e da cúpula
o fruto de carne
pronto
(a eloquência
do ponto)

agradeço ao silêncio
o silêncio
de empréstimo
e a vaga desocupada dentro da onda

que sorte que no avanço irreversível da entropia
conheci
você:
feixe de matéria organizada
colônia
cápsula

o calor esperando no martelo
o músculo pra nenhum prego

(e girar juntos no vazio
junto com o resto).

PARA A.S.

queria fazer um poema de amor sem segundas intenções
sem intenções nenhumas (um poema de afeto)
um poema de amor com amor aos fatos, sem superlativos
mas perdi a capacidade em algum momento do caminho

você é um riachinho de carinho e silêncio
você é uma longa canoa de cabelos
você faz da terra um planeta mais difícil de destruir
você prepara o neocoletivismo com pés leves e pesados
você poderia ser um cavalo, se os cavalos soubessem ler

você consegue morder seus próprios calcanhares
girar de ponta-cabeça no seu bambolê de ferro
e veio aqui mostrar que coisas complicadas são possíveis
você desenha as pessoas de máscara no metrô
enquanto o século XXI desaba e envelhece

sei que você não pode me proteger do pavor todos os dias
mas estar contigo me lembra que eu gosto de estar no
[mundo
só que já fazia tanto tempo que eu não gostava
que eu fico um tanto aflito e desorientado

fico aflito que você note como estou desorientado
o que só prova que eu ainda não entendi nada.

INSTINTO

quando acordei do incêndio, no desespero só salvei
os nomes de alguns atores pornô
pacotes de queijo ralado
um cubo de palavras milagrosas
um número de likes no facebook e uma lista de tarefas
feitas pela metade, metas
alcançadas de comunhão social

lembro de um mal-estar os trovões uma preguiça
no entanto um bicho ferrenho ainda lutava
ainda abria todos os olhos calcava
as pernas contra o colchão molhado
ainda arrancava os pelos brancos com uma pinça
no espelho
mesmo chorando de frio
alguma coisa ainda tinha fome
na boca um pedaço de carne grande demais
um longo gemido querendo dizer ao mesmo tempo
"foda-se", "socorro" e "obrigado".

HOJE SEGUNDO O QUE TEM PRA HOJE

hoje eu vou ter que ser deus
porque você não veio
porque hoje não veio mais ninguém

faço milagres
porque a disposição dos átomos não colabora
distribuo maravilhas
faço a ingenuidade dar certo
faço trocadilhos serem engraçados
faço lágrimas correrem na temperatura certa, e em público
trago a pessoa amada em 37 anos
faço gatinhos desaparecidos lerem cartazes em papel A4 feitos
               no word colados em postes

reembaralho remorsos e mutilações
canto por cima de desconfianças
deflagro o choro e o ranger de dentes em festinhas
danço em cima do seu túmulo
danço there is a light that never goes out em cima do
                                       [seu túmulo
dou bigodes a quem não tem boca e vice-versa.

LIMÃO E SAL

ando perfumado de limão e sal
suo só pra que tomara queiram me lamber
leio novelas nos pelos de loiros babões
busco na mão um toco de pau não oco
rezo com uma só vela pra santo-estrela
agradeço se ainda existe a quem talvez eu agrade
não se sirva, diz ela, mas à vontade.

PROVAVELMENTE

você ia gostar se eu dissesse que gosto do seu pau
mas não ia gostar se eu dissesse que gosto do seu nome
se eu dissesse que fico amando os seus pés enquanto
                            [você está dormindo
na minha cama, me belisco pra garantir que é verdade
seus pés são uma metrópole inteira espraiada,
                            [combatente, desconhecida
e em algum lugar dela tem um apartamentinho minúsculo
onde eu às vezes pernoito
tenho vontade de te acordar só pra te contar essas coisas
mas você não ia gostar
tenho vontade de te beliscar pra também te garantir
                                        [que é verdade
mas você não ia gostar
na verdade também não sei se você ia gostar se eu dissesse
                                        [que gosto do seu pau.

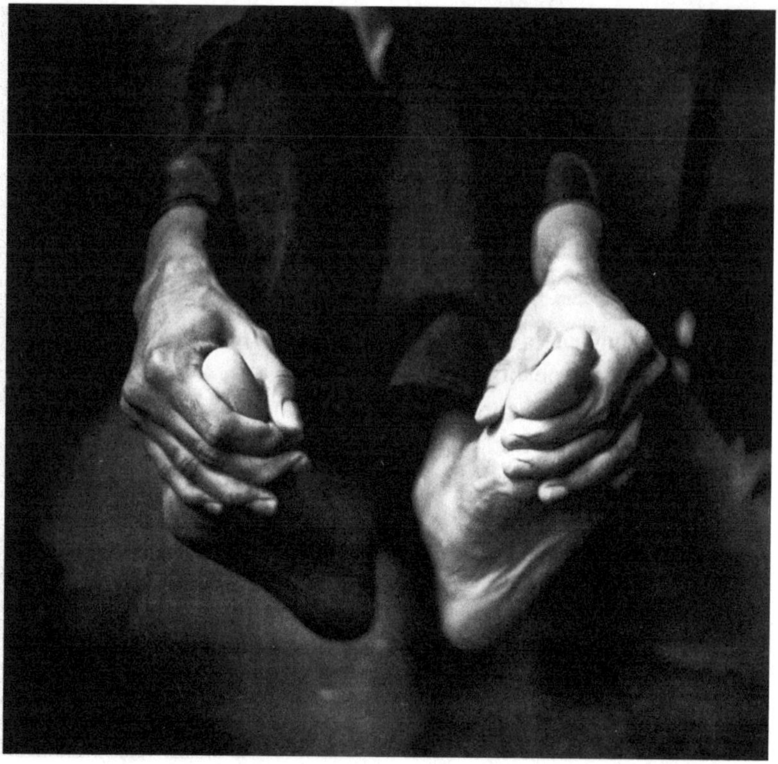

MARCIO JUNQUEIRA

Feira de Santana, Bahia, 1981

Publicou *Sábado* (riacho, 2019), *Lucas* (Sociedade da Prensa/EDTÓRA, 2015) e *voilà mon coeur* (Mac, 2010). Integra o coletivo Blixx não tem bis, ao lado de Clarissa Freitas, Lucas Matos e Thiago Gallego. Em 2022 apresentou sua primeira exposição individual, *Diário de pegação*, com curadoria de Lia Krucken, no Instituto Guimarães Rosa (Luanda, Angola). Vive e trabalha em Salvador, Bahia.

SÁBADO

                      o cheiro doce do detergente
               e a lembrança (impressa na cozinha)
                                 de um cigarro
                descobrem sábados no sábado
           descobrem trilhas de formigas seguidas
             pelo facho de sol coado pela lupa
                (em) alegrias cheias de vírgula

sábado era a espera
durante a semana
encontros fortuitos
entre as aulas
vez ou outra
voltar juntos
do assis até a casa de dona santinha
eu caminhava lento
para nunca chegar
os olhos sob os óculos
concentrados em mim
não nas
conversa dos meninos
boca das meninas
encarte de cd
jornal revista cifra

                    (na frente dos garotos
                éramos vagamente próximos
                    você gostava de música
                                  e eu
                     era quem você conhecia
                que mais conhecia de música
                        ninguém supunha
                              nós dois
                          deitados no sofá

                    ouvindo caetano cantando jokerman
                           o cheiro da sua boca
                                  só eu sabia
                          a minha mãe desconfiava
                                a sua fingia
                              os garotos não
                              os garotos eram
                                 lobos bobos
                               fumando carlton
                                  na quadra
                              cheirando benzina
                                 no banheiro
                             eu era todo livros
                       e canções e filmes e citações
                            brincando de casinha
                             longe dos garotos
                            você era meu amigo)

sábado não
sábado eu gastava meu dia
inventando o dele
exercícios de caligrafia nas paredes do beco
o traço quebrado em vermelho
corações lanceados
pairando
sobre poças de sangue negro
os últimos pingos suspensos
armando círculos concêntricos
sobre a superfície
e todas as dores do mundo rondando o quarteirão
quando a luz baixava
inauguravam ardências
unhas roídas até o sabugo
oráculos nas placas dos carros
liturgias em torno do telefone
em dias abafados

em que o suor pressagiava chuva
lançava isca
encontrei a saga da fênix
descobri um poeta angolano foda
guardei um fino pra gente ~~fumar~~
e ele vinha
pisando macio a superfície do mundo
limpando na camisa o óculos
e rindo amarelo lindo
sentava ao meu lado mudo
e me ouvia sobre tudo solar
como funcionam os prismas de quartzo dos
                            [relógios de cristal
as várias vidas de kiki de montparnasse
a teoria das cordas, snuff movie
marlon brando fazendo marco antonio
sábado e sua carne difícil

                      (eu tinha medo do silêncio
           medo que um espaço em branco entre nós
                             rebentasse os dentes
                                  fazendo emergir
                                      cardumes
                     de palavras, expectativas
                      e fantasias escapistas
                que eu mastigava no quarto
                                      sozinho
                                  aos sábados
                                  longe dele)

num sábado de dezembro
o mar invadiu a casa
ainda que não houvesse aquele ridículo ritual
ele saberia
em verdade sempre soube
ou desconfiava
depois
foram tantos sábados, terças, quintas e sextas
mergulhados num jogo perigoso
de olhares gestos ensaiados
eu avançava ele ia
eu ia ele voltava
eu fingia que ia só para ver ele vir
e vinha
ele ia
eu ficava
até que numa sexta-feira
ele finalmente se foi
ele já havia tentado ir
em outras
sextas
quartas
quintas
sábados
mas acabava sempre voltando
eu também já havia tentado ir
quase sempre às segundas
que é o dia melhor da semana
para começacabar algo
mas acabava voltando também
até que numa sexta-feira
ele finalmente se foi

no dia era azul e quente
quando ele chamou no portão
eu lia deitado na sala
os poemas do brasil de elizabeth bishop
exatamente o poema final
que fala das facilidades da arte de perder
e era um desfecho tão óbvio
tão clichê
que nem sequer cogitei
ele estava cansado
eu também
ele calou muitas coisas
eu também
nenhuma canção servia de trilha
tentou falar palavra
não deixei
quis me/se perdoar
não olhei para trás
medo de virar estátua de sal
e percorrer os tempos
fixado à orla do portão
olhando um menino de vermelho e cinza
atravessando a rua

depois
nada
dias amnióticos
branco sobre branco

passei muito tempo assim.

***DA SÉRIE* LUCAS**

\#

gilsons & marias & leandros &
vinicius & thiagos & felipes &
pablos & pedros & paulos
& adrianos & antonios & antínoos
& caetanos & rodrigos & fernandos & franciscos
& gabrieis & rafaeis & migueis
& marcos & marcelos & mateus
& tantos outros
foram só variações
do teu rosto

\#

cinco canções e um remix
velhos temas em borderline version
quadrilha confusa
frequência entrópica
m. que ama l. que mama
c. que mama a. que ama
j. que ama f. que mama

o solo corta a sequência de loops

strike a pose
sob spots
pescando o hortelã do mojito com os dedos
desculpe, foi só um engano.
quantos?

\#

boca	boca
mãos	costas
cabelo	mão
língua	ouvido
pescoço	língua
pescoço	dente
peito	peito
mamilo	dente
umbigo	língua
mão	cabelo
coxa	mão
pica	mão
pica	boca
pica	boca
pica	boca
pica	boca
porra	boca

\#

você diz
nunca mais
não ligue
não me procure
não há solução
eu digo sim
eu digo talvez
eu ligo
eu procuro
não há solução

\#

fica caladinho
você diz
enquanto eu pulo como um poodle
tentando ganhar seu olho
com desenhos poemas números ensaiados:
senta deita morto
fica caladinho
você diz
e eu
— penélope distraída —
simulo obedecer
tramando seduções
nessa contramão

TRÊS POEMAS PARA PEDROS

> *As melhores mentes gays da minha geração acreditam que nós falamos uma voz e sonhamos um sonho, mas nós não somos monolíticos. Nós não somos nem mesmo respeitosos com as diferenças uns dos outros. Estamos muito distantes disto, Dorothy. Eu te digo que o Kansas está mais próximo.*
> Essex Hemphill, "Does your mama know about me?"*

---

* Em tradução livre de Lucas Linhares. Poema publicado em *Ceremonies: Prose and Poetry*. Nova York: Plume, 1992.

tanto que eu quis
quis com pressa
quis com medo
quis com raiva por querer
quis fingindo que não queria
que tudo bem
que tanto faz
quis demais
salivando
nervoso
que nunca chegava
quando eu levantava
me medusava falando
nestante eu chego
eu suspirava eu
tanto custou
tanto atrasou
que quando chegou
— e nem tinha chegado —
eu tinha des-cansado na má água
os cabelos duros de sal
todo olho escuro do mundo
ele falou
vambora
eu quis dizer
bora
boca disse
não agora
ele suspirou em falso
(ele também vinha cansado?)
ele falou
tá bom
e foi embora mancando
tudo que era vidro trincou.

PEDRO PRIMEIRO

I.
(depois de quanto tempo?)
você aparece na nuvem
de costas demoro pra te re-conhecer
você fala com ju
eu ouço sua voz que diz
tô trabalhando no centro todo dia passo aqui
ju me chama
eu entro ligeiro no bar

II.
eu falo com você?
eu não-falo com você?
o que eu falo com você?

III.
o cara atrás do balcão procura o troco
eu enumero
mais magro
mais barbudo
igualmente pálido
sempre malvestido

IV.
você diz:
tá diferente. quase não reconheço
ensaiamos um abraço constrangido
encho os copos de cerveja
você diz
parei de beber, mas tenho um beck.

v.
fumo 8 cigarros
rodando pela nuvem
e (repetindo o velho gesto)
sento atrás de você
entre nós
40 cm de concreto
um par de anos
vastos sentimentos sem nome
eu não te vejo
você não me vê

vi.
eu queria seu obturador sobre meu olho
sua porra em minha boca
sua cabeça desproporcional
com os pensamentos todos (sobre ética, estética, bitcoins)
onde eu pudesse me deitar
ainda quero?

vii.
desesqueço aleta falando
esse boy é tão polido que parece que é uma obra do
[anish kapoor

viii.
— *você vai na são salvador?*
— *depois.*
— *ok.*
— *vou ouvir até o fim.*
— *ok.*
— *amanhã eu toco aqui.*
— *ok.*
— *eu tô de bike.*
— *ok.*

IX.
na parede um lambe diz:
no futuro o amor e a liberdade serão como num filme
vou embora sem me despedir

PEDRO QUARTO

posso entender
a teoria que diz
que crianças abusadas
com certa frequência
se tornam adultos abusivos.
se isso é uma explicação
não é uma justificativa.

if you don't even try

RÉGIS MIKAIL

São Paulo, São Paulo, 1982

Publicou os romances *Onofre* (Deep Editora, 2021) e *Rapiarium* (Laranja Original, 2025) e integrou a coletânea *Corpo desvelado* (Org. Eliane Robert de Moraes, CEPE, 2022). Vive e trabalha em São Paulo.

SIGILO DE IRFAN

I.
Quantas vidas atravessa a cavalo ávido por nuvens de
 [leite cortando o globo das estepes
o homem feito para arrasar lares fura as estrelas que
 [enxerga e sorve a névoa do gargalo
empunhado o bronze larga o esteio
Irfan!
rapaz das pálpebras tintas de terra
muralha em khol pintado de sol tão vermelho para se
 [proteger da areia
cidadelas e cílios
incendeiam em guerra e quando menos se espera
o espinho se arma da rosa.

Ah inda que sem nome que homem em busca de homem
 [ou deus
do amante que não existe — pelo menos nesse mundo
 [em escárnio —
alveja o amante sujo de borralha e barro?

E quem padece de doce sem gosto
alfenim — pombos de massinha e açúcar assados no fogo
não é esse o sopro do Espírito Santo?

Não persigo pelos vagões seus vagos estribos
em vez disso atravesso contigo maltrapilhos desejos
 [por mazelas
carícia sem afago espanto
a dor assentada em meio a selas por esporas em busca
 [do calor
Irfan procura algo sincero
quadrúpede marcado a ferro a brio e a dolo

Irfan!

O guerreiro que te afaga não diz que seus olhos são iguais
[aos da gazela
nem sabe se busca auspício em sua visão
santuário aliança captura para hinos cânticos gazéis
[ou cântaros.
Ora em mim seu ensejo a trotar
Desalado no deserto sem falange
Irfan cá entre nós
a fé no amor e na areia me derruba
viria do mar arroubo que você não conhece
e na glote a onda espuma e remói
e ao meu lado seu pomo de adão
abrange um coração.

Irfan!
penso no seu peito e gago
tateio dentro do que te dói.

II.
Quando com dedos encaracolo seus pelos
você observa alheio as leis da planície:

1. não furar olho de cavalo;
2. não recusar hospitalidade aos forasteiros;
3. nem com homem jamais se deitar.
e mais outra que esqueci.

Guardamos as barracas lado a lado
no fim do mundo os colos acolhem
iogurte descansado
do cavaleiro compadecido
que não chora pelo leite derramado

atrás de um filé tártaro moído turbilhão de elementos
[os seis

pulsam com jeito como tudo que tem veia para mim reluz
pelo imame que não foi me atraí
sofri pela lã ao sereno.

Não se evitam cavalos em sonhos assim a bicha dos
                          [campos se permite atravessar
cervídea pacata que a galope cantava disforia
tratados chamas e manuais de caça
e a gente debaixo de sol em cantoria estende a mão ao
                                       [nobre focinho.

Eis que em seus antolhos vi
pulei do cavalo picado
com estribo as rédeas dadas
soltas pregas
volteando pelos ares
ai!
pena de algum rouxinol
na mão pulava o coraçãozinho
bicho flechado iluminura
tratada pelo poeta igual tecido de metro.

Se livre Irfan não pensaria duas vezes antes de voar pelos
                                  [ares alheio aos rapineiros
e da rosa a ermo antes mesmo de florir o bulbo arrombado
                                        [e o pássaro faceiro
esmagado no trote no agreste é rosa
vaidosa tanto quanto nobre o eterno cipreste.

APARIÇÃO À PORTA ENTREABERTA

Uma cicatriz varrida
por cada loucura
cada coágulo percorre
nos dobres da língua divina
o Irmão que sente
o Amante complacente
Tanto
que não me serve
eu servo
nem me importa
reservo-me o mau hábito
de dizer inverdades
grato pela desconfiança
em minha mentira
O compromisso
tecer o fio
como bicho
da seda que almejo
untar em óleo o puto desejo
tão virgem quanto sagrado
O esteio
para a barraca armada
enlace
(no seio seria benfazejo)
de dois poemas castos
que anseio
aparição à porta entreaberta
cada um pelos seus bons termos
Rasteja a cobra da língua divina
o Irmão decente
o Amante que ressente

UM DOS MIL NUDES DA TASCHEN

Cerra-se o olhar
pela dor da luz
dois dígitos contra pálpebras
identificada nudez
cílios tapeando
igual mãos surpreendidas
ou tentativa em vão.

Pela dor da luz
cerra-se o olhar
de infestações não miráveis
que vivem pedindo
o regozijo gravado
de instantes atrás
desatinos de então.

Convosco
ah Deus!
Iluminação

Há átimos e *flashes*

Cesuras
duchas de nitrato de prata
ouro de gozar.

you only tell me you love me when you're drunk

MOISÉS ALVES
Salvador, Bahia, 1982

Publicou *Cadernos de artista* (2017), *Onde late um cachorro doido* (2017), *Coisas que fiz e ninguém notou mas que mudaram tudo* (2018) e *escrito e dirigido por moisés alves* (2018), todos pela editora Circuito, e *mangue* (Martelo Casa Editorial, 2021), que foi propulsor do documentário *Moisés Alves: O fogo que antecede as cinzas* (2024), dirigido por Alberto Pucheu. Vive e trabalha em Salvador.

DESLUMBRAMENTO

depois de um tempo
as paixões passam a ser consideradas
pequenos buracos que vão
se formando na terra e habitados
por fanáticos e outros restauradores
incansáveis da sensibilidade alheia.
buracos quentes.
venha me ver.
é difícil, faz parte,
mas é a lei do desejo.
será melhor para você.
eu também já atravessei
superfícies íngremes,
desequilibrei, caí
em becos onde ensinam a usar
todo charme possível,
bisturis.
esse país tem hospitais sem leito
com jardins inesquecíveis.
ampliar o jardim.
me envolvi com um oftalmologista.
uma vidente.
um atleta.
um trapezista.
um pensador de estrelas marinhas.
na maioria das vezes eu fui a cobra.
o pântano. a fosforescência.
a saída.
tenho pela frente quem sabe
algumas milhares de horas.
com animais é assim: hora por hora
se mede a força de uma existência.
sou visível.
aliás você também.

está comprovado que o chumbo
durará bem mais que nós.
eu era na verdade a pólvora.
tanto faz.

CAVALO

ele beija o que nem
eu sabia o que podia ser beijado

sou sagrado com ele
ele é sagrado comigo

o que mais interessa saber?

vocês são inventados pelo amor de batalha
que há entre uma pantera e um cavalo
vocês amam
nada além disso tem chance

ele tem sorte
você tem sorte
o raro não cansa
de se dar na repetição
das horas

fomos paridos
por corcéis forjados na brasa
com olhos rubros
de brasa
temos a idade do ataque
sobre alguma coisa que um dia se moveu
diante de outra coisa insaciável

cavalo
tem muitos coices
guardados
há uma falha
que se abre entre a areia
e o casco

ali estamos instalados
a alegria de ser quase coisa nenhuma

o suor de um através
do outro é batizado arcaico
é forte
é simples
inexplicável

TESOURO

você sabe
um enigma pode ser
intuído amado desmontado

veja os altos cursos dados pelas crianças
e passeios nas praias ensolaradas

um enigma nos salva quando por acidente
nos imagina e subitamente apaga

vai assaltando temperaturas variáveis
que formas soltam às vezes
quando vivas ou mortas

eu por exemplo agora estou vivo
como você pode me provar

você não é um enigma
porque te como e nos feriados
contigo bebo e canto

você me põe na boca
sinal forte que alimento
fui plantado e um dia
serei varrido pelo ar

mas antes disso
não havia sofrido útero
transmissão choque síntese extração
não era portanto viável

gosto de ganhar e perder
embora o exercício muscular esteja
em ganhar e sustentar

eu ganho por exemplo
medos guerreiros
que fazem desabar temores frágeis

tudo grande demais precisa
distorcer-se para nos encontrar
porque somos do tamanho
que suportamos

por isso
chamo seu nome

seu nome é um amplificador
para que sua carne fresca
não se desenlace

sua carne é uma condensação
daquilo que antes fomos

sua carne fresca nem tanto
como primeiro sinal das vulnerabilidades
que herdamos

sua carne ou uma seta de amor
tão só como um futuro

isto quer dizer que futuros vêm
nos procuram e onde será
que nos enfiamos

quem dera
se futuros fossem árvores adultas
cacho de ventos maduros

o que vem é chamado por nós
que cá estamos e gritamos
e dançamos

o que vem não é delicado nem feroz
mas necessário

é provável que sejamos a linha luz
a mágica os experimentantes
de desvios palavras de nariz
no meio da cara

NU

tenho
um falcão
em punho

entrei por uma porta
não te vi

mas havia no lugar
outra coisa para a qual
eu também disse sim

e num dia permanente
como esse um feminino
do outro soltou-se
vândalo

um feminino
do outro soltou-se
úmido de femininos
alheios em poemas

um falcão
me arrebata

um falcão
me traz pelas garras
e cumpre a sina
de ficar com a vida até a borda

não esqueço de aceitar a devoração

implorei
entrega absoluta ao ritual

no fulgor da cena
deixe-me queimar em paz

e num súbito
queimei

SERES TÉRMICOS

antes de tudo
havia um começo
onde coisas já eram sobras
de coisas e atravessavam
umas às outras

quero saber
em que ponto exato
eu e você começamos
em qual gesto
qual ausência de gesto
qual falha de movimento
você se torna meu cúmplice
naquilo que avança e emperra

trata-se
é lógico
do que só se mostra
na invisibilidade absoluta
no breu das formas

em que ponto o começo se dispara
em sua mão na minha nuca
e faz trama
e depois resto

tudo trama
cheiros espaços
físicas calafrios

um começo é sempre
um engano se não for tomado
como emaranhado
de fios levantando
a âncora

você disse
tenho certo pavor
que você me ame

tenho certo pavor
em olhar no seu olho
e constatar a força
do que está chegando

o que está a caminho
continua
não deixa de continuar
nunca

O ATALHO

a minha primeira pessoa nos engana
um bloco sobre outro
até que o castelo desaba
o sonho desaba
deixo-me cair sobre suas costas
quando o domingo chove

entro nos grandes buracos invisíveis
de suas costas
e fico ilhado sobre seu piano de teclas metálicas
soltas
desato-me na marra como um corpo
explode de
outro vou me desfiando um a um dos cabos
de nylon onde a mãe de aglaja veteranyi
pendura-se toda noite pelos cabelos

ainda prefiro ir
mesmo rente ao calor de seu dorso
prefiro ir

aprendo contigo palavras aéreas como
nave que levanta nosso voo de espanto
e ainda seta e outra exuberante
que vira e mexe
esqueço

largado sobre o desenho de seu mapa ósseo
fico sem saber desse outono nas árvores
dessa minha febre nas árvores
limo escorrendo

te quero mas não hoje
preciso que saibas
que te quero mas não dessa forma
da medula ao osso

minha pessoa estrangeira te trata pelo nome
de antigas eras
você não reconhece forças forasteiras
não me meto
nesta contenda
coisas amantes sempre sangram

deixo bilhetes neste papel cuja língua sem alfabeto
você não vai saber das palavras que falo sem fonemas
em algumas portas bate esta língua sem boca
o galo era vivo
é tudo o que dele sei

minha vida propriamente animal
revolta-se
diante da corda que prende a beleza do galo
pelos pés

atravesso a rua
você me acha na rua
como se fosse uma coisa preciosa
entre mil vívidos você me destaca
e me quer
entre a vida avulsa das ruas exatamente
ao lado de sua pessoa

o seu galo canta
em resposta mágica meu galo de briga não perdoa
e de súbito te encanta com suas asas
sem fogo para o adejo

avançam
com pujança para dentro da mata
dois galos
duas gangues
dois atlânticos
um poema

ISMAR TIRELLI NETO

Rio de Janeiro, Rio de Janeiro, 1985

Publicou *synchronoscopio* (2008), *Ramerrão* (2011), *Os ilhados* (2015), *Os postais catastróficos* (2018) e *Adão e horas* (2022), pela 7Letras, *Alguns dias violentos* (Macondo, 2014) e *Duas ou três coisas airadas*, em parceria com Horácio Costa (Luna Parque, 2016). Seu livro mais recente é *Pode o homossexual assobiar* (Diarorim, 2024). Vive e trabalha em Araraquara, São Paulo.

BRUTALIST BABY

Trajava um mesmo terno
cor de ameixa
cabelo temperante
conforme
seus novos encargos de latinista
em alguma universidade
de província
vestia os ossos, forro, tutano
alguns viajores
em chintz floral
rendilhado
róseo contra céu
acarvoado
algumas árvores ao cair
da tarde vestia
uma agulha quebrada
sob o jaleco branco
de meu pai
o jaquetão azul
do engalanado avô
o comandante vestia
estaca e coração
meus
cumprimentos

[TEU SEXO]

Teu sexo
       pende
entre os poemas

incomunicante. Guardado
de palavras novas, de rareza

esclarecido apenas
pela repetição

Teu sexo
       goteja
       refolha
       refrata
       pende

Bem orbitado,
de uma simplicidade
comovente

NUM CAMPO ORVALHADO

A nudez punha óculos. Até a nudez
necessitava

uma cadeira, nua, a nudez
buscava a este papel

as bordas nuas. Uma esferográfica

com tinta suficiente para anotar
um endereço

às pressas. Abria gavetas. Abria os usos.
                            Rodeava-se.

[QUANDO NO MUNDO METEM-ME UM SEXO]

Quando no mundo metem-me um sexo; é; um sexo não; vetor vazio; cilindro de papel; literatura; membro coalho aqui; para sustar a espécie; sexo de subtração; um sexo não um arado

longa missiva na unha; repertório do vão; de jorro baldio; fonte e o fado de

tirar, tirar

Põem-me senões quando no mundo; quando no mundo põem-me; um sexo ressalvado; a haste apesar; põem-me o não ser sopro o não ser mente; o não sê-los uma espécie de programa

Dão-me a fala que porta; esporra muros; festoada de cachos; um sexo um emaranhado

[CERTA MANHÃ OBRIGO-ME A ABRIL]

Certa manhã obrigo-me a abril
onde foram missionar as minhas coisas?
pergunto
onde a mesa, meu marido, os dias lisíveis?
pergunto
onde as manhãs que meu cunhado tossia
onde havia a minha cadeira um calafrio
onde havia a inteireza de um corpo
pergunto
aos chamuscamentos pelos braços, às piras
onde queimei
minhas velhas camisetas do Morrissey
pergunto
onde se abancou tanta dança
onde o ininterrupto
o gaveteiro, o cardápio, a revista da tevê
pergunto
às mãos que os transitivavam
não é Uma a unha que roemos?
pergunto
não é um só o sabugo
palco que pisamos?
não será esse som
de Corcel que não pega
o real?

[FELIZES NAÇÕES, CASO]

Felizes nações, caso
Ainda exista alguma, chorem-no

deveras

Este que amar
Prostra em província

A cujos poros não
Acorrem peônias

Fulva barba roça os pés
Em errores de varanda

Descalço enfim
Sobre um prato de deserto

A ROUPA DO CORPO

Afã é minha palavra favorita.
Se eu pudesse, dava o rabo todo dia.
Gosto de parque, cinema, exposição.
Gosto da coisa com calma, graça
E carinho enchem bucho, sim
Senhor, não peço que ninguém me alcance
Nada às prateleiras mais altas,
Cairei no chão do século XXI.
Essas cicatrizes aí, referem?
Gosto de braço.
Gosto de Von Sternberg.
Eu adoro conversar.
Fico todo xotudo querendo passar aí, posso?
Quero que me veja inteiro, posso
Ver?
Posso ver a voz, a guina da voz
Para um descritivo das penas agourentas de Cupido?
Pena e pena, exulta de farelo.
As palavras sempre de festejo,
Chega minha voz e pá.
Outra nudez hoje em dia não haja.
Talvez.
Tenho castidades disponíveis.
Varia de cara caso.
Tudo o mais vai para a prosa.
Já estou na idade de me preparar para a solidão.
Pago o Uber.

DEZ APROXIMAÇÕES, OU HOMOSSEXUALIDADE ENQUANTO NAÇÃO

I.

alguém encarna um cartaz, fixa-se a um poste aqui da rua, de onde passa a reclamar (terrível, demiúrgico) um canário belga escapado; asas; remunera-se

II.

pelo coração copado. A rua vai se insulando por mais alguns metros, as árvores levam postas voltas & voltas de bijuteria barata. O brilho estanque que dão, Christmas in my soul, e alguma tristeza bambeia dentro de si. Uma tristeza como um camelo

III.

porém, no dia seguinte, o portão estava a ferrolho. Sentou-se na amurada, o cotovelo apoiado sobre a caixa de onde há pouco soltara o cão. Expediam uma ficção magnífica: tinha tempo, não tinha tempo, tinha os móveis de pátio tendendo ao branco sol de janeiro. Quando lhe acontece deitar sobre o canteiro, o corpo vai junto, acende cigarros, recepciona latidos no longo

IV.

processo da voz: encorpa em torno das mãos, mínguas, ainda tratam de blocos. Mas agora desesperado de (não, as calças de veludo de seu avô jamais abrigaram uma ereção tão malapropos)

V.

ele deve estar de pé contra um muro em Lisboa, os braços ramalhados à altura do peito, durante os quatro minutos que seu irmão levou para voltar da tabacaria sentiu que os olhos se lhe afundavam um pouco mais

VI.
a queda da cristaleira foi um evento notavelmente compacto. Olhava para a cerração de cacos de vidro, trilha branca: a ama-motor, zumbindo ártica a um canto da cozinha. Jantara fora aquela noite, em companhia de um hd externo

VII.
mas não devo pensar nestas coisas. A fita já fala, carpimos a máquina morta. Somos leões. Somos estudantes de cinema. Desconhecemos o real sofrimento

VIII.
escreve alguma coisa a quente que ver com essa longa tradição oral, o amor. Como dimensão épica, ou não conseguimos suportar a solidão das coisas, domingo é uma baforada e dedos contusos do pernoite em seu corpo

IX.
é cidadela conquistada de caminhos largos, fumegantes, nenhuma alma em seu mais gentil. É bem longe que se assina a paz

X.
o meu é o trabalho do espanto. O nosso é o trabalho do espanto

NUMA LANCHONETE, FINAL DE 2012

Penso no homem que inventou a meia-noite.
A escarpa extática de seu nariz ao inclinar-se.
O ato de inclinar-se,
fazendo cair o cascalho, costa abaixo,
catalogar,
representar no espírito os salgados expostos na estufa,
a luz branca que os mantinha, como que à força, em
                                          [seu lugar.
Das duas entradas de uma galeria em "u"
efluía então certa ideia de movimento humano,
síntese daquilo que viemos a entender como natural
("o mundo natural", "a ordem natural das coisas").
Estas pessoas que saem, que entraram, sabe-se lá por onde,
ninguém dá por nós,
este comércio estreito na luz branca,
esta galeria,
a luz atravancada de galerias, estufas, refrigeradores,
eu repito: natural.
Eu repito: as coisas representam-se no mundo.
É da ordem natural das coisas não revermos estas pessoas.
Não as vimos.
Nenhuma delas, por sua vez, reparou em nós.
Nenhuma delas nos interpreta, nem mesmo agora,
como o sítio de uma grande devastação futura,
cerca desigual,
        corrimão carunchado,
arame
        embrulhando
a fronteira.
O que revém este momento?
O que revém esta rua, este bairro, esta cidade, não estou
sempre a nascer?

Procurando exasperadamente acomodar
o ar, a luz,
a ruminação nestas bocas?
A fome? A devoradora banalidade dos saciados?
Também naquele momento,
condenado, como todos os outros, a vir abaixo,
havia já algo que vinha abaixo,
um punhado de pedriscos
despencando no mar,
a luz branca a escapar
dos freezers, das estufas,
das vitrines.
A luz branca já voltava à carga.
Nós levantamos. Nós pagamos a conta.

andeven

MAYKSON CARDOSO

Divinópolis, Minas Gerais, 1988

Vive e trabalha em Berlim.

NÃO FALAMOS A MESMA LÍNGUA

para Rob

Assim é que edificamos a casa:
com um pouco do que resta de
nossas línguas: nossos *gaps*,
nossa gaga gagueira habitual,
nosso medo atávico de errar e,
~~toda vida~~, *todavia*, seguir errando
de uma a outra fronteira,
de uma a outra *pedra*
                do tropeço.
sorry, não entendi, *wie bitte*?
E de repente a coisa irrompe
em gargalhadas, ou, pelo mesmo motivo,
ameaça chão e paredes. Afinal, é só
disso que se trata: de não estarmos a par
do peso da maldição, de tudo restar
a salvo graças a uma entonação mal-
empregada, à má dicção, ou ao: "sim,
sim, claro", sem que não,
não tenhamos entendido nada.
Sabemos, sim, sabemos dos nossos
acertos. Sim, é este o nosso sotaque.
Mas, de quantos mal-entendidos
se faz nosso idioleto?
Mas, de quantos equívocos
se faz nosso amor?

ADAGIO

Você vertia o vinho
tinto sobre a mesa
e esfregava os dedos
úmidos na borda
    dos cálices.

    & os cálices
    cantavam aos deuses
    no crepúsculo.

Então, alguém tocava oboé
e nós ficávamos fluidos;
um barco vazio singrava
lentamente o nosso ventre

    & em nosso quarto
    passava um rio
    como o Nilo.

Era escuro, e sabíamos:
nós estávamos ali
para as profundezas.

ATRÁS DO MURO, UM PARAÍSO

Quero o vitral
        antigo
de uma igreja
em Minas —
aquela igreja
que você não viu.

Quero um dia
no jardim
de um castelo
de areia
        e sua sombra
na praia:

        eu traçando-a,
        com meu dedo,
        para admirar
        o seu perfil
        efêmero

e depois dormir.

FÉ CEGA, FACA AMOLADA

Você segura a faca

entre os dentes,

Mas, de longe,

a *lâmina fina*

    desaparece

e eu só te vejo sorrir.

[VOCÊ QUER ME TIRAR]

É sempre mais difícil ancorar um navio no espaço.
Ana C.

Você quer me tirar
desse abismo,
meu amor?

Mas meus ossos
são pesados
como âncoras
e você
é sozinho
demais
para me
içar
   daqui.

> *O meu amado meteu a sua mão pela fresta da porta, e o*
> *meu coração estremeceu por amor dele.*
> *Eu me levantei para abrir ao meu amado, e as minhas*
> *mãos destilavam mirra, e os meus dedos gotejavam mirra*
> *sobre as aldravas da fechadura.*
>
> Cânticos, 5,4-5

Olho-te — e aí estás, ó Homem meu.
Tu, que encarnas a *imagem* de todos
os homens que vieram antes de nós;
tu, que ao meu lado dormes teu sono
de pedra: *mármore*, é teu corpo nu sob
as colchas; *carne*, é teu peito à mostra,
sobre o qual deito meu rosto e barba:
meus pelos embaraçando-se aos teus — nós.

Olho-te — e, profundo, ressonas. E sei
que sonhas, pois, baixo, sussurras palavras
que desconheço. *Amor, amor*, não dizes;
meu nome, não. Mas, adormecido, ainda,
pousas tua mão esquerda sobre o meu dorso,
e, com a direita, acaricias os meus cabelos.
E no teu peito, mais me aninho. E eis que
súbito te despertas: *Incubus & Incubus* — nós.

Olho-te — e como és vivo! Tens olhos vítreos,
a boca entreaberta. E como tu, é viva a língua
que, a ti, *invoca: Amor, Amor*. E, *Amor, Amor,*
respondes-me, e, de *amor*, servimo-nos. *Amor*:
a baba que nossos corpos sorvem — pau & boca,
e boca & pau; *amor*: a baba que, entr'as nádegas,
escorre: o fio da baba, *visgo*, o brilho da baba,
que é minha, nos lábios babados teus — nós.

Olho-te — e és todo-*paisagem*, de vale e colinas,
montanhas e escarpas, corais e falésias. Floresta
és, a mais densa: Amazônia. E, sim, és Rio, Terê-
Petrópolis; e, na Serra dos Órgãos, o *Dedo de Deus*;
em Londres, todas as árvores e arbustos do *Bushy
Park*; e mais ao norte, todas as urzes e córregos
nas encostas do *Long Mynd*. Sim, teu corpo: *marco
geodésico do meu*, matéria de gozo: *magma-nós*.

Olhas-me — olho-te: e aqui estamos, entre sebes
e cabras, entre arrudas e sálvias, e murtas e alecrins;
mariterra & terrimar, teu gosto e cheiro: *Mediterrâneo*.
Eis-nos: o ponto mais alto da ilha de Capri; nós dois,
a sós, entre as ruínas. "Vês? A *Villa Jovi*, lar de Tibério,
o imperador libertino." E lá, bem fundo, no horizonte,
vemos — de novo e de novo — o mundo acabar.
Hoje, mais uma vez, Vesúvio devassou Pompeia.

instead of dissing him like a punk

OTÁVIO CAMPOS

Leopoldina, Minas Gerais, 1991

Publicou os livros *Os peixes são tristes nas fotografias* (Bartlebee, 2015), *Ao jeito dos bichos caçados* (Moinhos/Macondo, 2017) e *Tatear os destroços depois do acidente* (Macondo, 2022). Desde 2014 coordena as Edições Macondo. Vive e trabalha em Juiz de Fora, Minas Gerais.

175

VOCÊ TRISTE PENSANDO NA INTERNET

Você ri de todas as cartas que não foram enviadas
A você
A passagem sem graça dos anos
Ergue o místico também seu corpo
Somos nós os que não acreditam
E toda desculpa passa pela palavra
Mercado
Você de costas pensando nos filhos
Que nunca teremos
A quem pretendemos ensinar
Os mistérios as casas
A serem derrubadas
Você ri de todas as crianças que não correm
Para o futuro
Porque elas estão mortas
Porque elas são os filhos dos outros
Menos os nossos
Segredos de enfrentar a família
Esta que não dividimos
Como todas as outras
Coisas tristes que passam pela cabeça
Dos meninos do nosso tempo
Assim como
Você cansado de jogar a bola
Você cansado de fingir
Jogar a bola
O movimento exato dos corpos
Que vibram e voam
Nós dois
Sempre rindo dos que elogiam
A beleza atlética da competição
Sempre duvidando do ponto
De contato entre a beleza e o jogo
Daí que não se espera a palavra

Amor
Porque nós nunca
Esperamos nada que não o acerto
Porque nós nunca encontramos palavra
Alguma
Talvez Mercado
Talvez a casa
Que escolhemos com cuidado
Anterior a toda linguagem
E em tudo semelhante à primeira

MOMMY

Hoje tivemos
dia difícil talvez
porque ontem
ao cinema a assistir
Mommy ninguém
comentou coisa qualquer
sobre o filme falamos
a forma como ele abre
os braços empurra o quadro
nunca mais nos falamos
ninguém arruma
mesa para o café
comemos em silêncio
não me levanto
da cama temos medo
de sair da casa talvez
por conta do mar
da forma como
a maresia come
as coisas como um bicho

CLOSE FRIENDS

Você poderia estar em Lisboa talvez
       esteja pela denúncia
       das fotos que compartilha
nos stories para os seus *melhores amigos*. Eu
       agradeço

Imenso a oportunidade:
       seus registros em clubes
             terraços   miradouros
             discretos
a comida estranha
             além da língua
             todo dia
             estrangeira.

             Agradeço depois

de tudo me considerar um dos melhores
       amigos a ver vez
       ou outra sua imagem mais
       ou menos nu
       no espelho.

             Agradeço a bondade:

se colocar disponível na internet
       para que me lembre
       seu nome as duas entradas
       que margeiam seu umbigo — ainda que o susto.

Imagina se soubesse   o esforço
         decorar os nomes dos atores de filmes
         adultos que assisto
         depois de você
                           em outro país
                           aqui do lado

Para que seja mais fácil
encontrar o vídeo: *moreno tatuado cavalga*
                     na pica do amigo — ainda
         que o moreno
         não se pareça (de verdade)
         com você — Ainda

         que o moreno seja branco
         bastante exceto
                  o cabelo.

As duas entradas fora
isso ele também não
se preocupa com a câmera
                           até certo
                           momento
                           ela parece
                     inaugurar um novo
                           olho & ele
a encara como se atravessasse a tela —. Imagina
                           que isso é você.

Imagina se não fôssemos melhores amigos.

         Ele olha para mim
         não sabe o que fazer
         com as mãos pega a máquina   e foge
         do quadro porque é ele
         é ele apenas

OTÁVIO CAMPOS

quem controla o quadro é ele
apenas ele quem controla
o sexo e depois
foca no seu rosto e naqueles olhos
no meio da tela a minha boca
treme e baba
alguma coisa.　　　　Eu agradeço.

Ele diz
　　　　agora está bom e o vídeo acaba
　　　　cortando
a última sílaba da sua voz.

VIDEOGRAFIA

A pornografia
desmantela cruel   o movimento
                      acusa
                      os olhares que jogamos

sobre outros corpos quando
se encontram   (por acaso)

      (Isso também tem a ver
      com a forma como você esconde
      o seu corpo nas fotos)

A pornografia
te ensina   o que é o sexo   o que
          é o desejo   qual
          o movimento.
Ensina

O meu corpo
      (que você não deseja)
      (mas você está bêbado)
      (você está só e eu)
      (também)

O seu corpo
      (que eu não amo)
      (você não sei)

Mesmo quando eu peço
              — e você atende —
para desligar   o vídeo sobra
                  o susto
                  de percebermos

Que apesar de agora
você estar   *completamente* dentro
de mim cada vez
que transamos mais
do que a frustração

O que resta claro é a certeza
de que   em desespero
estamos para sempre
gozando sozinhos.

    (Isso também é sobre Deus eu diria
    se você não estivesse ainda
    prestando atenção ao filme)

RAFAEL AMORIM

Rio de Janeiro, Rio de Janeiro, 1992

Publicou *como tratar paisagens feridas* (Garamond, 2021), que venceu o Prêmio Rio de Literatura na categoria Novo Autor Fluminense, e *santíssimo* (Urutau, 2023), que recebeu menção honrosa no 31º Prêmio Mix Literário no Festival Mix Brasil. Vive e trabalha no Rio de Janeiro.

[PROMETI NÃO MAIS ESCREVER SOBRE O MEU BEM]

prometi não mais escrever sobre o meu bem
mas justo hoje acordei bêbado de vinho barato
atrasado corrido sem banho às pressas quase
perdendo o ônibus torcendo para não chover
pensando mais tarde vou comprar um girassol
para presentear o meu bem eu queria escrever
o nome dele em todos os muros mas sigo escrevendo
seu nome no escuro antes de dormir enquanto
a cabeça gira e palpita a planta do pé eu não sei
por onde pisa o meu bem hoje em qual cama dorme
em quais lençóis se enrola com quantas drogas
se embriaga eu sigo escrevendo seu nome no escuro
para que ninguém o leia justo hoje que acordei
ainda mais tonto que o habitual aquela bebedeira
que só aconteceu porque o meu bem que tanto estimo
não quis ir ao cinema comigo assistir bacurau
logo ele que ama assistir os filmes da karine telles
mas justo hoje que eu terminei de ler o seu livro
justo hoje que terminei a instalação do trabalho
lá no paço imperial para a exposição da próxima
quinta-feira eu queria falar sobre tudo isso ao meu bem
como meu almoço foi uma tapioca e como foi cruzar
de uma ponta a outra a feira de são cristóvão mas
justo hoje que meu bem não me viu atravessar a rua
e não viu que atravessei também a cidade carregando
um girassol no ônibus de volta tomando cuidado
para que por descuido sono ou cansaço a flor não deslizasse
por sobre meu colo então comi balinhas de eucalipto
porque eu compro balinhas açucaradas de eucalipto
porque eu gosto e porque sempre acho que depois do cochilo
e depois do café com leite e depois do almoço me acomete
um mau hálito que suspeito ser um problema gástrico
já que eu nunca cuido dos meus problemas de saúde
eu falo mais sobre as feridas paisagísticas as culpas

históricas o sangue e as veias abertas da última poesia
eu prefiro perguntar ao meu bem sobre os problemas
de saúde dele sobre quantas doses da vacina
contra hepatite ele tomou ou sobre quantos girassóis
ainda serão necessários para se atravessar a cidade
em forma de carinho endereçado ao menino
cuja existência depende das frases entreouvidas
por estranhos nas ruas que nos chegam como
a poesia daquela autora que tem o mesmo
nome de sua mãe e que tanto a gente gosta
justo hoje quando cheguei o meu bem não estava em casa
então descobri que sua mãe tem o mesmo apreço que
                                                              [o meu
pelos momentos de comunhão ocasionados pelo café
                                                                    [da tarde
o girassol que meu bem não viu chegar em sua casa
repousa sobre a mesa da cozinha porque eu prometi
que não escreveria mais sobre o meu bem e justo hoje
resolvi trocar a escrita por um girassol eu me traí
eu vivo esperando um olhar uma mensagem visualizada
eu troco os novos amores pelo amor antigo do meu bem
eu me traio dentro de casa e na rua eu compro flores
e no banho penso no meu bem pelado quando olho
a cueca branca manchada de mijo o amarelado ali
sobre o branco alguns pentelhos soltos espaçados
perdidos cansados como os vestígios de um bicho
que vai morrendo que cheira forte e arfante sobre
a cueca pulsa prevendo sua morte o centro gravitacional
das investidas de homens que me olham de esguelha
quando paro no mictório ao lado o centro para
onde eles direcionam os olhares e a tensão porque
não é o meu bem quem me olha nos olhos ele
vive fugindo mas de vez em quando ele aparece
deitado sobre a minha cama ele tira os sapatos
e se instala como quem diz eu não fujo mas ele
foge e ele permanece fugindo e nessas horas

quando o que falamos não cabe na poesia
nessas horas os homens nos banheiros públicos
ao meu lado no mictório os amores novos e
todos os homens do mundo já não são tão
homens quanto o meu bem que é apenas um menino
e que só aparece quando quer que eu aposte
todas as minhas fichas no escuro de seus olhos

DEVOÇÃO

há uma podridão
no olhar dos homens
em plena rodoviária
de campo grande

a palavra hotel
sombreando o muro
da estação
      os pivetes
suas mãos ligeiras
cinco contra um
no cheiro de borracha
queimada
óleo de escape
paisagem de
onde sou
cativo

no calor do momento
o início da noite não me deixa
esquecer que aqui
já foi sertão

perseguido
até o banheiro
      rezo
para que atendam
quando ligo pedindo
socorro ao número
anotado sobre
a porta

lave as mãos
antes que te levem preso

não seja presa e se for
gente esperta nem se
apaixone

inscrições
insurgentes de
uma terra sem lei

mas há sim
alguma podridão
nas escalas 7x1
de meias encardidas
joelhos ralados de
homens devotos
ostentam a santa cruz
o escudo do flamengo
seus peitos dividindo
são jorge tatuado mata
um dragão por dia
no mesmo peito
onde descansará
minha cabeça

enquanto janto
uma coxinha passada
tomo uma coca-cola
ele arrota ouço de longe
quer me impressionar
ele me come com sujeira
nos olhos feito vidraça
um ônibus que nunca parte
me quebra ao meio mais tarde
com sua força paterna e mãos
sobre o sexo e o cassetete
feito para proteger dos garotos
a cidade dos homens.

PEDRO AMÉRICO

prestígio da vida
esse alguém lambendo coxas
poema-fiapo entre dentes
agarrado como promessa
os dedos abrindo caminho
lambuzados de saliva
hóstia sagrada
dissolve a mucosa
o canal lacrimal inundado
de paixão e outros fluidos
fibras quando bombardeado
meu território

gemido
cada vez mais alto
rouco arbitrário
selvagem grito
de independência
para abafar no rádio
a voz do brasil.

SEMPRE DEPOIS DE GOZAR

sempre
depois de gozar
penso em morte
já que marte me nota
lá de cima emoldurado
no escuro brilhante
silencioso *voyeur*

me refaço olhado
perfura meu corpo
sua ponta de lança
      meu amor
o que vem depois?

em nossa
cruzada prometo
penetrar o seu império
te juro silêncio beira de cama
beira de estrada mal algum
te alcançará e sempre
depois de gozar serei
seu inimigo sem
olhar para trás

ferido e tombado
à luz do crepúsculo
envolto pelo seu santo
sudário meu sangue
enferrujando a trama
do algodão infectado
por planetas estrelas
deuses da guerra
todos
a caminho
do chão.

RAFAEL AMORIM

ESTUDOS SOBRE TERRENOS BALDIOS

perdido
no escuro da noite
no branco lençol
nossos pelos morrem
pela manhã

quem sou eu
no terreno baldio
da sua cama
quando cedo
levanto
e fujo
à luta?

sem compor
melodia ou
hino à bandeira
as vísceras entregues
na beira d'água
às aves de grande
porte aos
nobres bichos
de menor
inocência

prometeu
sul-americano
fisgado em bicadas
pelo rei flamenguista
dos urubus íntimos
aos 40 graus
suor fazendo
córregos

sua cama
um baldio
à tardezinha
sob a nuvem de insetos
encontrarão meu corpo
ainda mais
vivo.

CRISTO

na bagunça no entorno de
lençóis e obras inacabadas
te ofereceria as condições necessárias
para o cultivo de nossas sementes
sortudo é a gente que vive e que
se encontra mesmo surpreendido ao
contar da sua confusão de não saber
a ordem dos meses do ano como então
sobrevive a horta daqueles que não sabem
de cabeça os meses que antecedem junho?
no bonito tom meio fim de tarde meio hominho
que acabara de esfregar seus pentelhos nos meus
disse assim ao olhar seminu para o pé de arruda
tem dias que eu acordo e juro que ela vai morrer
poderia ele ser um menino barroco o corpo inteiro
talhado em pedra-sabão poderia ele ser um dos doze
profetas de aleijadinho e pedalar em bicicleta
sem cueca sob as bermudas feitas de calça jeans
só para me dizer você tá muito bonito hoje
sob os olhos do cristo nanico no alto daquele morro
garoto situado bem embaixo dos meus cílios
ao toque de nossas mãos quando dividido um
baseado de estruturas minimalistas garoto
eu queria ser o seu homem.

TERRA SANTA

brilha uma cruz celestial
como um cristo redentor farol
a emanar sua luz morro abaixo
banhada pela chuva que domina
mantém refém o engarrafamento
no início da noite que avança
sobre a dutra uma cruz santifica
a chuva na baixada água-benta
avança nos barracos amontoados
onde há um homem emoldurado
observando o temporal pela janela
uniformizando a paisagem
que chega com muitos ruídos
envolto pela fumaça do cigarro
entre seus dois dedos grossos
sua visão periférica para dentro
do quarto no barraco uma goteira
outros homens que se amassam e se amam
em cima da cama numa suruba inventada
de última hora antes da chuva antes
que a história da humanidade
fosse contada pelas vozes em sussurros
antes da invenção dos guarda-chuvas
na janela cantarola baixinho
composição do erik satie
gemendo ninguém o escuta
sussurrando outras línguas para
contar outras histórias alguém
morre na cama atrás de si e pronto
se encerra o primeiro ato
três corpos de homens estirados na cama
ele com medo de que pudesse
acabar a luz se acabasse a luz
não precisaria encará-los

todos de uma vez se fosse caso de sorte
um deles tomava o fôlego
tatuagem de ave em sua barriga
ia e voltava se o animal ainda
estivesse agonizando coisa muito bonita
olhar o corpo ali retomou sua
atenção à chuva o lado de fora a cruz
queria dizer algo de um passado pentecostal
um nome bíblico que lhe fora dado ele desvia
da ave morta na costela do outro que
não o notou sair da cama se desvencilhar
dos muitos braços das muitas pernas
dos muitos pelos e muitos olhos
chegava o som do trânsito lá fora
da chuva de água-benta abençoando
os barracos da vizinhança ele ali
pensando volte pra casa que
daqui dessa janela sou incapaz
de te perceber tão pequeno
escondido onde quer que esteja
você trate de voltar para casa
que eu tô cheio do desejo
que carrego comigo eu vou
ficando ilhado sob a cruz que
a gente sempre notava
quando atravessava
junto a cidade.

MATHEUS GUMÉNIN BARRETO

Cuiabá, Mato Grosso, 1992

Publicou *História natural da febre* (Corsário-Satã, 2022) e *Mesmo que seja noite* (Corsário-Satã, 2020), entre outros livros, e teve poemas publicados em revistas e antologias no Brasil, na Espanha, no México, em Portugal, nos Estados Unidos e na China. Traduziu Goethe, Brecht, Rilke, Bachmann, entre outros, e é editor na revista *Ruído Manifesto*. Integrou o Printemps Littéraire Brésilien 2018 (Universidade Sorbonne, França e Bélgica), a Giornata mondiale della poesia 2022 (Universidade de Roma, Itália) e o Festival Riobaldo 2023 (Instituto Guimarães Rosa em Luanda, Angola). Vive e trabalha em São Paulo, São Paulo.

TEMPO

Aquilo que possuo e me possui,
e que, se cerco, ergue cercos outros
em torno aos muros fracos, muros poucos
que ergui; aquilo que constrói e rui
meu corpo; que já traz numa só mão
meu corpo e aquela morte que é a sua
(se cada corpo nasce já com uma),
meu corpo e aqueles beijos que serão
os seus (se morre sempre sem dar todos);
aquilo, ainda, que me tira tudo
e tudo dá a mim; o que procuro,
mas que me encontra sempre e eu não encontro.
Aquilo, enfim, que dá-me o amor de um homem
de pau em riste — e nos apaga os nomes.

(OUTRA) MULA DE DEUS: A INVERTIDA

Chafurdamos, mulas de Deus,
que não há, nem tem mulas
(se houvesse).

Chafurdamos sem discurso sem latim sem verso redentor
sem eloquência chafurdamos
na merda.

Chafurdamos, mulas de Deus,
se houvesse Deus e se mulas tivesse
alíricas.
Comemos sem metafísica uns chocolates,
sem ênfase
(risonhos na merda risonhos na merda),
mulas, porcos de Deus,
porcos de Deus, mulas,
e beijamos moços no cinema
pagando meia-entrada.

(Per saecula saeculorum)

RONDÓ PEDERASTA

o corpo do homem
que submete o homem outro e é
por ele sub
metido

MR. GUMÉNIN'S SATURDAY NIGHT SERVICE

      entre os braços
           (um
           o direito)
      respira o amado seu respiro entrecortado
                      asmático
                      morno
      como o filhote que se ficou de ganhar num natal,
      focinhúmido

      o amado sob um braço direito
      agarrado à minha mão direita agarrado
      (como à memória de um anoitecer como
            ao sexo de um amado (ao
            meu

            pau))

      longe de vento e eventos da fome longe —
      amor

      debaixo, amado, de um braço direito
      (abwesend
            &
                      feliz)
      mergulhando (já mergulhou?) as pontas dos pés
      [no sono

      enquanto uma mão esquerda o empalha
      em linguagem

OS TRABALHOS E AS NOITES

I.
A mão que arde no arbusto
é a mesma
que arde no sexo do amado e a mesma
que arde na areia e na espuma.
A mão que arde no sexo do amado
é a mesma que faz a cama com vagar
entre paredes altas
mais alto o ardor branco da cama feita, apaziguada.
A mão que arde no branco da cama
é a mesma que limpa o pus e a mesma posta contra a luz
                                                      [de relâmpagos
à noite
a mesma que abre o pão é a mão a mesma.

Em cada coisa o vagar, em cada coisa o furor mudo.

II.
Estar na mão como a água que se lhe correu
na infância
estar no pulso como o calor de mãos amorosas
na boca estar como o fruto de outra estação
como o sexo do amado estar na boca
com seu sumo amargo e solar.

NÚMEROS, 23,16

põe em minha boca uma palavra

azul e carmim
transparente como peixes
concreta como maçã
doce-amarga como esperma
arriscada como chama

põe na noite de minha boca
uma palavra
                clarão

2 REIS, 19,35

levíssima a mão da morte
penteia o acampamento assírio

(os trigos são dourados no breu)

cento e oitenta e cinco mil homens
cento e oitenta e cinco mil beijos não devolvidos

cento e oitenta e cinco mil cães aguardando o retorno
de um cheiro

JOÃO, 6,56

Quem come minha fome:
quem bebe meu sexo e as tardes de meus olhos:
permanece em mim
e eu nele.

Quem come minha fome:
quem bebe meu sexo e as tardes de meus olhos:
permanece em mim
e eu nele.

Quem come minha fome:
quem bebe meu sexo e as tardes de meus olhos:
permanece em mim
e eu nele.

THIAGO GALLEGO

Rio de Janeiro, Rio de Janeiro, 1993

Publicou a plaquete *Canções para o fim do mundo* (7Letras, 2017) e o livro *Histeria coletiva (ou O mundo acaba quando ganha)* (Luma Foundation, 2014). Junto ao coletivo Blixx organizou eventos de performance poética e editou a revista *Bliss X* (BR75/garupa, 2021), o blog *Bliss não tem bis* e a revista-disco de poesia homônima. Dirigiu o curta *Pequenos atos de desaparecimento* (2017) e é corroteirista de *Madalena* (2021), com direção de Madiano Marcheti. Vive e trabalha no Rio de Janeiro.

HISTERIA COLETIVA

em 1518, em estrasburgo
centenas de pessoas dançaram
sem música sem motivo
até cansar até morrer
450 anos depois,
na região de tanganyika, tanzânia
cidades inteiras riram
um ano e meio
a mesma piada
na índia de 2006,
uma cidade bebeu
do rio mais poluído
súbito doce súbito potável
até o dia seguinte
sujo de novo

nenhum caso, porém
espanta mais que aquele
milhares de anos atrás
o casal imortal que jurou
ver na árvore a cobra
na cobra a fruta na fruta
a mordida o pecado a voz
"vocês foderam tudo"
desde então, acreditam povoar
o mundo, acreditam o mundo
desde então, sentados no jardim
maçã apodrecida aos pés
vivem a ilusão de ser 7
bilhões
dançar sem motivo
rir por anos a mesma piada
beber do rio podre
podre podre podre

meu deus, que rio imundo
feito fosse potável
feito fosse doce

[O RAFA QUANDO ANDA]

o rafa quando anda
parece que pula
hoje ele tá triste
aí não pula

[SE EU PUDESSE TE CHUPAR]

se eu pudesse te chupar
era melhor do que estar lendo os teus poemas
não é por nada
mas se eu pudesse ficar deitado
enquanto vc enfia 1 2 3 dedos
e diz
só meto
depois q a mão tiver descoberto
isso tudo
era melhor do que te ouvir performando
e olha que eu gosto dos poemas
acontece que eu gosto +
de ficar à vontade
e as mto boas coisas q cê escreve
tuas opiniões impressionantíssimas
não são nada
perto da língua
nos dedos do pé o cu
o suvaco
eu podia te ouvir
e até discutia tb sei lá
o sentido do verso em tempos de fascismo
mas que 1 vez só
1 vez só
béquizinho
a gente deitado
eletrônica anos 90/o disco de clara lima/a calcanhotto
                                                  [mais batida
e só
1 night romance
depois é cada um pro seu canto
pra sua vida
se esbarrando nos rolês

lendo uns poemas
umas cervejas
2 homens

THIAGO GALLEGO

ARPOADOR

ao som de high by the beach

se não quer os joelhos ralados
não vá mamar nas pedras

não vá mamar nas pedras
com pertences valiosos
deixa em casa o melhor de ti

as pedras são rápidas
e furtivas
como os amores
nas pedras

com o sol se põe a vergonha
e das pedras
do seu escuro pedregoso
é feita a arena dos insones
dos viciados dos amantes

se vai mamar nas pedras
talvez seja bom levar um casaquinho

uma tangerina um balão
passa-se muito tempo nas pedras

e ninguém te quer sóbrio
com fome, frio e cheio de desejo

nas pedras
a mamada é breve
mas farta

mama
mama
1, 2, 3
rolinhas
mama sim
meu bezerrinho sedento

toma nas pedras
o que te privam os dias

visse o mar?
sentiu a umidade do solo?
areia
vento
erosão
estranha coreografia

com que agradecem os rapazes
— teus parceiros de pedra —
pelo pulso da vida

voltará mais velho
talvez
cansado
por que não?
todo cheio de cinismo
mas quem não estaria
não é mesmo?

por isso digo não vá
mas se for

re fes te le - se

THIAGO GALLEGO

que segunda te quero bem
independente

do trabalho ou da falta
dele, do dinheiro ou da falta

nessa boca?
um sorrisinho

— deus sabe o rochoso
desses dentes —

a pele até mais brilhosa

um resto de sal
que os banhos não apagam

e os joelhos ralados

FRANCISCO MALLMANN

Curitiba, Paraná, 1993

Publicou *haverá festa com o que restar* (Urutau, 2018), *língua, pele áspera* (7Letras, 2019), *américa* (Urutau, 2020) e *tudo o que leva consigo um nome* (José Olympio, 2021). Colabora com diversos grupos e coletivos artísticos, entre os quais a Selvática Ações Artísticas e a Membrana, grupa de escritoras. Vive e trabalha em Curitiba.

[os meninos]

os meninos
não amei quando
eram meninos
e queriam me matar

amei quando não eram

os homens
não amo quando
são homens
e querem me matar

amo quando não são

[NÃO SEI]

não sei
atravessar a rua
flertar
te fazer sorrir
moço, moro ali atrás
à esquerda
mesmo usando
palavras é cinza

[A MINHA AVÓ DIZIA QUE]

a minha avó dizia que
não se nega a ninguém
o telefone
era a época
e era ali
na rua santa cecília
que vinha
o marquinho
da universidade
do quartinho da casa 42
dona eva me dá licença
farei ligações
eu lembro as
vozes do cômodo
do telefone
eu lembro
diziam
o marquinho que
homem bonito é o
marquinho
a minha avó já
sabia pela judite
que o outro sofria
internado lá
em porto alegre
estado muito grave
e este aqui
esperava para
saber
o que fazer
sem telefone
em casa
urgência demais
para as cartas
vem marquinho pode vir
sempre que quiser
o telefone
não se nega a ninguém
eu lembro as samambaias
o sofá cor-de-rosa
meu rosto no porta-retrato
a sala do telefone
o marquinho chorando
o outro lá em porto alegre
morreu
a minha avó o marquinho
a aids
o rosto do marquinho
homem bonito
em lágrima no telefone
meu medo ainda
de atender

[OS HOMENS QUE AMAM HOMENS PODEM SER]

homens que amam homens podem ser
tão iguais aos homens que não amam homens
também desejosos de dureza e grandura
viris feito os heróis por quem primeiro
caíram nessa ficção fernando quero
que saibas que quando senti o que senti
nada tinha a ver com dureza e grandura
lembre-se sempre às vezes olho
para isso entre as pernas e digo
me diga o que quer
e a coisa nada me diz

[NÃO SEI SE QUERIA SER HOMEM]

não sei se queria ser homem
não sei se queria ser mulher
não me perguntaram
não sei se queria estar entre
duas coisas tão frágeis duas
ideias que se desfazem na vida
nesse dia camisa água céu azul
sandálias velhas e café com muito
açúcar paisagens da américa do sul
não sei se gostaria de alimentar
assim os três amores que agora tenho
que dividem espaço no peito
quando empresto rosto ao que chamam
delicadeza dizer palavras em português
justificar os sentidos dos ofícios
a que estou me dedicando não sei
fosse de escolher escolheria
talvez peça inanimada talvez
objeto inútil decoração
luz de poeira caco de vidro
casa pré-fabricada
lustre em salão antigo
vestido de paetê vassoura
algo que não demandasse
explicação explanação
discurso coerência algo que não
precisasse nunca elucidar motivos
responder questões não sei
o que é você e quem é você e como
chegou até aqui e para onde é que
vai desse jeito tão estranho
por que é que você não se parece
com todo o resto com tudo o que há
por que você não sabe de nada nunca

FRANCISCO MALLMANN

por que não sabe se queria ser homem
se queria ser mulher o que queria
ser incógnita por quê

[RESERVAR ESPAÇO PARA A SOMBRA]

reservar espaço para a sombra
criar aos cacos uma
geografia quase inacessível
se reservar o direito
ao recolhimento
produzir cavidade
no interior da
palavra para
que nela também
resida
o que não se diz
em frente ao inimigo
entregar o discurso
inacabado
ocupar o fundo
de um espaço onde
a ordem que rege
não anseia testar os
limites do exotismo
de uma bicha-que-fala
de uma bicha-que-pensa
apesar de tudo
fabricar o corpo
onde não te alcancem
os olhos da máquina
de morte
ter tempo para se formular
quando não se está
destinado a ser
una cosa muy rara e só
se permitir uma narrativa
destroçada destinada a
ser falha e ruína
avolumando
falha e ruína
habitar o mistério
quando a ti ele é
negado
— especialmente aí —
ser o mistério

[SE NÃO FOSSEM GRADEADAS MINHAS JANELAS,
MEU AMOR]

se não fossem gradeadas minhas janelas, meu amor,
eu me prostrava, eu me jogava, te alcançava, te aguentava,
eu atirava para você as minhas tranças, eu fazia a
                              [rapunzel,
eu virava pedro lemebel, transformava a cidade em
                              [santiago,
se tivesse altura, se tivesse abertura, se você estivesse,
se não fôssemos bichos apavorados com a solidão,
se não fôssemos bichas sonhando dias que não virão,
eu me lançava em tua direção, eu jurava eternidade,
eu morria a teus pés, eu voltava feito assombração,
se não fossem gradeadas minhas janelas, meu amor.

[UMA COISA VOCÊ PRECISA SABER]

uma coisa você precisa saber
podemos estar nus quando deus voltar
se deus voltar
podemos recebê-lo de quatro
podemos beijar a boca de deus
podemos manter deus refém de nossas
carícias
podemos fazer deus gozar
podemos deixar que deus nos
penetre fundo e lento e rápido
e outra vez
podemos ler a ele todas as poesias que
guardamos escondidas nas primeiras
gavetas embaixo das roupas íntimas
que não nos deixaram usar
podemos contar a deus todas as vezes
que dormimos sentindo dor embaixo
das pálpebras da língua da nuca dos
calcanhares e dos rins
podemos dizer a deus como é que se
faz para correr
podemos ensinar deus a fugir das
pedradas
podemos ensinar a deus as técnicas
que desenvolvemos para nos manter
vivas
podemos dizer a deus o gosto que tem
o sangue quando chega na boca
depois de abertos todos os orifícios
podemos acariciar os cabelos de deus
e contar a ele a sensação de uma
tesoura que rápida e violenta nos deixa
quadrados e masculinos
podemos dizer a deus como é que

se faz para diminuir o roxo da pele do
braço da pele do peito da pele do rosto
podemos dizer a deus como é que se
faz para sair sem pagar as contas
nós podemos relatar a deus a infinita
lista de nomes que não nos pertencem
mas insistem em nos dar
nós podemos dizer a deus como se faz
a chuca
nós podemos apresentar deus à polícia
aos políticos e aos pastores
podemos dizer a deus como é que se
vive no centro esquecido de uma
cidade de um país emergente no calor
dos quarenta graus no frio tropical nós
podemos contar a deus como é que se
morre por aqui
nós podemos ilustrar a deus a nossa
árvore genealógica sem usar a palavra
pecado
nós podemos contar a deus os nomes
dos nossos amores os antigos e os
atuais descrevê-los sem pudor e
vergonha
podemos dizer a deus como é simples
o nosso sentimento
podemos dizer a deus como nosso
tesão nossas noites de amor nossos
gritos e gemidos são banais
podemos mostrar a deus como ficamos
felizes em acordar mais um dia voltar
intactas da padaria
podemos ensinar deus a fazer uma
carteira de trabalho
podemos bolar o baseado pôr a mesa
arrumar a cama

podemos falar besteiras para deus dar
um passeio com ele andar de mãos dadas
podemos brigar com deus acusá-lo de
não entender os nossos ímpetos e nem
as nossas limitações
podemos pedir explicações a deus
podemos fazer deus assistir a todos os
péssimos filmes em cartaz
podemos levar deus até a periferia
podemos fazer com que deus lave a
louça
podemos fazer com que deus avise
nossas tias sobre o nosso atraso e que
vá a festas com os amigos que já não
amamos como antigamente
podemos dizer a deus como já não
acreditamos em gênio messias e
salvador
podemos perguntar se deus
integraria nosso coletivo artístico
podemos pedir para que deus nos leve
a sério e que depois ria do nosso humor
que também considere nossas próprias
indefinições e ausências
podemos ir à praia e dar um mergulho
com deus
podemos pedir que deus use o bom ar
depois de usar o banheiro
nós podemos pedir que deus tire os
sapatos ao entrar em nossos quartos
podemos pedir para que deus fale
mais baixo e não atrapalhe a
nossa concentração
podemos perguntar se deus
realmente confia nos que falam
em seu nome

FRANCISCO MALLMANN

podemos falar a deus sobre
sua morte
podemos mostrar a deus a
ternura
podemos ter uma crise de pânico
com deus ficar desequilibradas
junto dele nós
podemos maquiar deus
acompanhar deus a uma
boate claustrofóbica
podemos falar a deus sobre
a solidão dos dissidentes
dos dissonantes dos discrepantes
podemos ler com deus nossos livros
favoritos e tecer comentários
ácidos e doces enquanto
demonstramos paixão e
encantamento
nós podemos dar as costas
para deus
podemos negar desde o
início qualquer contato
podemos fingir que não vimos deus
e atravessar a rua
podemos descobrir que deus é
narcisista e perverso depois de
convivermos certo tempo com ele
podemos dividir uma torta com deus
podemos dar conselhos a deus sobre
questões afetivas e sexuais
podemos ensinar gírias a deus
podemos dizer a deus que estamos
exercitando a autocrítica
podemos pedir que ele faça
o mesmo nós
podemos dizer a deus de repente

deus como você está chato
vou fumar um cigarro com licença
podemos também elogiar deus quando
nos parecer necessário
podemos inventar apelidos para deus
e também chamá-lo no diminutivo nós
podemos conversar com deus
sobre as fronteiras do mundo nós
podemos fazer acordos com deus
nós podemos fazer com deus o que
quisermos contanto que ele
também queira
caso ele volte
uma coisa você precisa saber
nós olharemos fundo nos olhos de deus
até que ele se torne mais um
deus vai ser uma das várias pessoas
a quem olhamos profundamente
depois de um tempo já poderemos
esquecer deus
depois de um tempo seguiremos
e deus vai ser só uma lembrança
daquelas que nos fazem duvidar
da memória
caso ele volte comemoraremos
quando já não soubermos a data
em que ele chegou e também
comemoraremos o fato de
não mais o esperar
caso ele volte uma coisa
você precisa saber

recriaremos o ocidente
dessa vez sem deus
só para ver no que dá

looks like you're picking a fight

MARCOS SAMUEL COSTA

Ponta de Pedras, Ilha de Marajó, Pará, 1994

Publicou os romances *Dentro de um peixe* (Folheando, 2019), *No próximo verão* (Folheando, 2021) e *Máquina do tempo* (sam edições, 2021), entre outros. Seu livro de poemas *Os desertos* (Folheando, 2024) foi finalista do Prêmio Oceanos. Vive e trabalha entre Ponta de Pedras e Belém.

ERUPÇÃO

sob o lençol misto
a masturbação do amanhecer
o sexo oral do amanhecer
o valor de uso do beijo
quem pode comprar
ou mensurar
na fria noite
os corpos, nossos corpos
pelos, nossos desejos
as dores de quem permite
ser penetrado pelo outro
na terapia relato
todas as formas com que me fizeste
gozar sem toque

ALELUIA

Ainda éramos muito crianças quando
Théo manifestou na igreja
a noite é uma boca que engole os sonhos
a igreja é um deserto que queima os pés
e sem sandálias certas somos capazes
de morrer, mas qual número se calça?

Crianças não sabem escolher
calçados
nem decidir qual espírito deve
lhes acompanhar
naquela noite o medo me acompanhou
como o lençol que deito sobre mim
ao dormir

Théo ia com a avó dele
e eu com minha mãe para a igreja
foi estranho, éramos muito pequenos
eu tinha apenas onze anos e acho que ele no máximo treze,
o pastor colocou a mão na cabeça dele
e num instante a revelação:
"Quando a mãe desse menino estava grávida dele (*pausa*)
alguém fez uma *macumba* para ela o perder (*pausa*)
mas alguém com muita fé na família o salvou
com suas orações (*pausa*)
ele deveria ter nascido morto, irmãos,
deveria ter nascido morto,
posso ouvir um Glória a Deus? (*pausa*)
(todos gritavam glória a Deus, Aleluia),
(*continuou*) só que a Pombagira passou a lhe acompanhar
ele é acompanhando por um espírito das trevas"
e gritava sem parar sem parar sem parar:

"Se manifesta Pombagira do mal
Se manifesta Pombagira do mal
Se manifesta Pombagira do mal"

Meu amigo começou a gritar
como se pedisse socorro
como se estivesse sendo machucado,
mas ninguém percebeu
que ele estava sendo machucado
o pastor o segurava pelos cabelos e puxava
dizia que alguém incorporado
não sentia dor
mas meu amigo sentia dor,
eu poderia sentir sua dor

uma dor tão profunda quanto
a maldade daquelas pessoas
tão profunda quanto os abismos
que lhes habitam o peito

meu amigo gritava com medo
mas ninguém reconhecia
a sua voz,
nunca mais ninguém reconheceria
daquele dia em diante tudo que ele passou a falar
diziam ser a voz das trevas
a voz da Pombagira
até hoje quando vou me deitar
posso sentir os pés do pastor chutando meu amigo
dizendo que alguém incorporado
não sente dor,
mas se até hoje eu ainda a sinto...

TOQUE

o toque na pele não vale
nenhum mineral
ou acorda o verão
na garganta profunda
pele verde
quente úmida
são os efeitos dos ácidos
provenientes do amor
da ejaculação que caiu
à distância da cama

VALORES

quanto vale o pássaro
sem asas
teu pau sem depilação
é sem valor
como beijo
tua boca mista
muitos homens que te beijam
teu dinheiro não compra
o suave e cúmplice
beijo, mas paga a maconha para
o fim da tarde

AMEI VOCÊ NA CIDADE

Pedro escreve em seu caderno de versos tolos:

amei você na cidade
no coletivo
nas tardes quentes

nas manhãs
na intensa maravilha

que a aranha faz no
concreto

sem nenhuma mentira
só verdades

quando tocava a música
e nada mais

tocava
senão

tuas mãos
no meu mais abissal

prazer

a cada vez que
atravessei

a rua
foi só para ter a certeza

que poderia
te amar ainda mais

EVANGELHO

sentados no bar
Paulo e Pedro pregam
o evangelho do amor
percorrem os caminhos
da dúvida
mas só contigo, Caio
Pedro encontrará o amor
sobre saliva línguas
histórias vividas
as memórias que ardem
no luar de agosto
e teu sexo quente.

TREM-BALA

Wallace tem um trem-bala
no meio do peito
que corre ao encontro
de uma ponte caída

no meio de um rio
cheio de sangue

cansado das madrugadas
álcoois peles dores e
frustrações
ele tenta reagir

mas Wallace tem no peito
dois tiros certeiros

e a certeza que tudo
acabou
e que Lucas já tem outro
homem

IDÍLICO, AINDA ASSIM MARGINAL

isso de amar é pesado
vai nos devorando
comendo todo o nosso
orgulho

(também sou meio vagabundo,
dou meus pulos do gato
cobro ciúmes
mas sou profissional
em errar)

mano
não sei, juro que não sei
queria as coisas diferentes,
reunir família
na ceia de natal
dizer:
"família, esse é meu namorado"
mas gosto das coisas
como estão

mano
eu te amo, *tá ligado?*

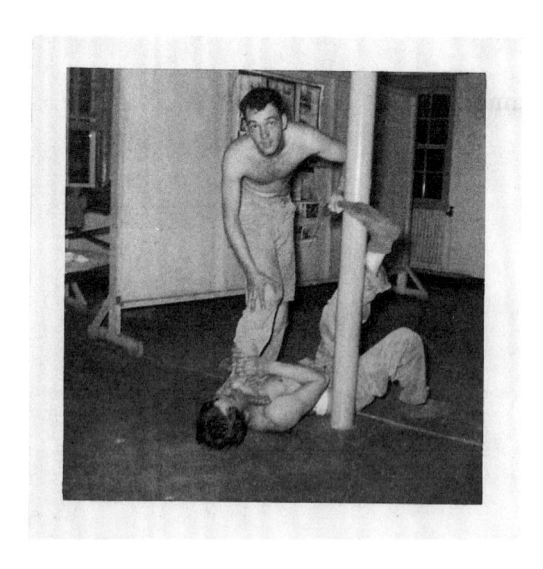

what's the meaning when you speak with so much feeling?

VICTOR SQUELLA

Rio de Janeiro, Rio de Janeiro, 1994

Publicou *Antes o fogo ao relógio* (Macondo, 2023), *Sair da piscina* (Macondo, 2022) e *Escápula* (7Letras, 2019). Vive e trabalha no Rio de Janeiro.

247

EXCERTO DE **HÁ UMA PALAVRA EM GREGO PARA ISSO**

A mente começa a mostrar
sinais de neve. O ar limpo
e transparente mas mesmo
no frio começam a surgir
gotículas quase
invisíveis. Quase na mesma
textura do ar.

Você diz que não é uma
coisa toda mas somente
o medo de não saber
toda uma língua é como
uma cegueira. Eu
me recuso a entender isso,
como parte da cegueira
gerada pela neve. Pelo ar
muito limpo. Você também
diz que tudo que eu escrevo
vai em direção ao esquecimento,
um lugar para o que não
cabe na memória. Eu digo
que isso é o trabalho da ficção.
Você aponta que eu escrevo
poemas e eu volto meus olhos
para dentro. Para a neve,
tento diferenciar um floco
do outro mas o mesmo parece
se repetir. Leves variações
tornam o exercício interessante
mas não o suficiente.

*

Difícil perder as horas,
nos esforçamos. Escondendo
os relógios, reconhecer
o dia pela luz. Todas as telas
estavam viradas para uma
superfície sólida. Meu celular
passou os dias todos sobre
a ilha da cozinha.

Estou traduzindo alguns
poemas já que não posso
escrever novos versos. Estou
começando uma pesquisa nova.

Tudo que escrevo parece ainda
responder aos poemas
do passado e isso me incomoda.
Preciso olhar tudo de um outro
ângulo, encontrar uma nova luz.

Penso em escrever poemas de amor
mas tenho sempre vontade
de evitar uma óbvia
brutalidade.

*

Têm me cercado
estas ausências. Estes
espaços que se abrem
quando alguém vai
embora. Quando
uma casa é desfeita,
quando alguém deixa
de desenhar, pintar —

Não é estranho,
este sentimento
de um grande
espaço vazio —
branco — marcando
a ausência da luz
abrindo-se aos olhos.

Mas todo campo
parece se abrir
mais violentamente
a cada estação.

Tenho escrito
alguns monólogos.
Poemas para serem
lidos num púlpito
sovado por alguma
fé antiga, como talvez
a da morte.

*

E se penso em Telêmaco
certamente há uma razão
para isso. Mesmo que não
possa ver o mar, ou mesmo
meu pai penso em Telêmaco —
insone. Mas ele chega
sempre pela manhã. À luz
da manhã, como um insone
esperando alguma outra
pessoa acordar.

E talvez exista algo
psicanalítico nisto
uma patologia. E quando
leio a *Odisseia* ou
Ocean Vuong busco
alguma resposta ou talvez
seja apenas uma forma
de estar perto do mar.
(O que é um clichê?)

Penso também numa lebre.
Assustada dentro de sua
casa. Como olham todos
os pretendentes para o
garoto. E como a lebre,
Telêmaco, os olha de volta —

E talvez exista algo
nessa geometria. Talvez
seja isso que Penélope
tanto faz com seus fios,
se retirando para seus
aposentos tantas vezes.
Sendo Penélope ela
mesma e sua nuvem.
Uma anti-Helena.

VOCÊ DIZ QUE PEGOU NECTARINAS E BERGAMOTAS

Você diz que pegou nectarinas e bergamotas.

Em casa começa a cortar ao meio as nectarinas
sistematicamente. Como uma máquina; a faca
não cortaria outra carne que não aquela —
que quase se abre frente ao metal gelado.

Você pede para que eu pegue as bergamotas.

Tangerinas. Você diz quando percebe
que hesitei e olhei ao redor para achar
suas bergamotas. O dedo atravessa a pele
das tangerinas ou bergamotas.

Aquilo não é nada impressionante
frente à facilidade com que a nectarina
(que não é pêssego, você me explicou)
se abre com a carícia da faca sem serra.

Eu noto que não sei por que estamos ali.

Despindo e partindo bergamotas e nectarinas.
Mas o sol parece muito mais quente
e uma pergunta dessas secaria rápido demais.
Então continuo a mergulhar meus dedos na pele
                              [das bergamotas.

POEMA

Sempre parece impossível
traduzir um pensamento —

Imagino um poema
de Frank O'Hara com
um verso que diz *me,
a lover of extremes.*

Imagino que sim,
que exista esse poema
por mais que quando
jogo no Google "*a lover
of extremes*" não encontro
nada.

Se leio este poema agora,
natural que não seja este
do qual me lembrei quando
desliguei a água quente
do banho para lavar
o cabelo.

Amanhã procurarei
na edição de *Collected
poems* e se não encontrar
direi que foi Frank
quem leu este poema
para mim enquanto
tomava banho. Alguns dirão

que enlouqueci.
Creo que sí.

POEMA

Lê Catulo —
lê antes Hilda — então
voltemos —
leiamos — juntos Catulo
pausadamente leiamos —
Safo — juntos cantando
as mesmas palavras
até acertarmos — nosso
ritmo ao ritmo do poema —
como quatro pernas
que passam a ter o mesmo
peso — tempo o mesmo
ritmo — Lê para mim
com algum cuidado — lê pra mim
este poema, este Catulo — comigo,
pausadamente — o mesmo
poema.

Traduz comigo Catulo,
O'Hara, Leopardi —

uma sílaba por vez, uma palavra ao mês

    — até acertarmos
os passos, as palavras,
até por baixo da língua
uma semântica nossa.

Leio Catulo. O mesmo
poema a repetir-se (*make it new!*) —
mais uma vez. Lê Catulo mais uma
terceira vez — do latim. —
Lê. Pausadamente —

VICTOR SQUELLA

INVERNO NOS TRÓPICOS

São alguns passos de distância até a praia.
Há dias quase toda coberta pelo mar,
apenas uma magra passarela de areia

que parecia brilhar demais por causa do sol.
Ainda não passamos da metade do inverno
e a temperatura continua a subir.

Hoje o mar recuou, a areia parece ocupar
mais espaço do que nunca, tomando
para si a praia. Como se fosse possível

a areia se esticar sobre as águas.
O mar não tenta lutar. Cede o espaço
com ondas que quebram longe da orla.

Ficamos também longe da orla. Sentamos
com os pés na areia e o resto do corpo ainda
na cidade. Os olhos nos banhistas, que são

poucos. Duas meninas parecem estar
no primeiro encontro. Se beijam timidamente
em determinado momento e apesar de

estarem com duas cangas esticadas dividem
uma só. Comem alguma coisa pequena
enquanto a primeira brisa do dia traz

o cheiro da maconha que um garoto fuma
discretamente, apoiando as costas
em sua mochila e segurando um livro,

uma tragédia grega um pouco acima
de sua sunga laranja, azul e preta.
A forma dele fumar, tão discretamente

enquanto lê algo escrito por Sófocles
ou Eurípedes nos parece a forma perfeita
de terminar o dia.

**OLHANDO PARA "THE BEWITCHED BEE",
DE DUANE MICHALS**

o que deveria ser a primeira coisa a ser notada na
foto? a beleza do menino ou a abelha em seu peito
encantada por sua beleza?
meu olho repousa sobre a pequena cicatriz
no ponto mais alto da maçã de seu rosto
que parece apontar para seu nariz
que nos leva para o lençol amarrotado
aberto como uma boca.
mas por hora vamos ficar ali
pousados — como a abelha em seu peito
— na cicatriz do alto da maçã de seu rosto.
observar como a sombra cobre parte de seu rosto
mas parece não entrar na cicatriz como se
algo ali reluzisse discretamente protegendo da
sombra
o recôncavo da cicatriz —
a cicatriz está toda ali e tudo na foto parece saber disso.
todo o mito parece saber disso
antes mesmo de seu fim.

***EXCERTO DE* TAREFAS DO DESEJO**

A ostra reversa
proliferando pérolas:

*

(Acaricia este muco
marinho — sal &
uma cor daquilo
que há muito já
não vê
o sol — contusão
por falta de contato.)

*

A ostra antes
se desnuda do mar,
é seu trabalho.
Depois a ostra
se desnuda
da ostra. A ostra
se desnuda da
pérola. É seu
trabalho. Se desnuda
frente à língua.
É seu trabalho.
Não se constrange.
É seu trabalho
não pode cansar.

*

A ostra se nutre em seu trabalho.
A ostra se desnuda. É um
afrodisíaco — é um trabalho.

VICTOR SQUELLA

you only tell me you love me when you're drunk

LEONAM CUNHA

Areia Branca, Rio Grande do Norte, 1995

Publicou *Gênese* (2012), *Dissonante* (2014), *Condutor de tempestades* (2016) e *Para tempos suspensos: poemas selecionados & avulsos* (2020), todos pela Sarau das Letras. Integrou antologias e publicou em revistas literárias editadas no Brasil, em Portugal, no Uruguai, na Espanha e no México. Vive e trabalha na Espanha.

POEMA PARA O BOY QUE QUERO BEIJAR

Quando te olho pela casca não te vejo
te vejo é quando te olho com olhos de noite
e busco teus escombros de luz interior.
É que eu te chupo com o sorriso de minha retina
é que eu te toco com a palavra dilúvio
é que eu te amanheço com uma mão
que flutua e não chega nunca a aterrissar.

E com os olhos quase não tenho certeza se te vejo:
vou ter que inventar um telescópio de mansidões.

PINTURA

Nos entres do campo de girassóis,
ele desnudo, brilhantemente aberto.

Sob o sol nos derradeiros do dia,
o girassol amarelece intenso.

A pele dele me cega com esta luz
dobrada, mas sei que ele existe.

Ele: desnudo, aberto, girassolar,
amarelíssimo, fundido, invisível.

AMAR AMAR

Amar amar
o vento pontudo que mói a pele
o bafo da manhã sobre os olhos
choque teso nos irmãos da sede
Amar amar
o nosso descontrole vocal
a luz de bruços sobre as portas
o seu quadril que estica as minhas cuecas
o seu guarda-roupas de baratas e naftalina
Amar amar
o fingir da velhice passada de moda
os ovos estrelados do teu beijo
Amar amar
a panqueca queimada, a mola solta da tua cama
o teu carinho ao me dizer não posso ir te buscar
Amar amar
os parentes que não são meus
o cheiro de abobrinha entre as cercas
o caule espesso das tuas calças
os teus pelos do ouvido mouco
as tuas falhas na barba crispada de sonhos
Amar amar
o teu meio-dia, o meio-dia de todos os homens
o meio-dia de todas as mulheres
o meio-dia das cobras trêmulas
o meio pão que compartilhamos
o teu mamilo passeando as minhas costas
o meu mamilo passeando o teu umbigo
o meu mamilo passeando a tua coxa recém-depilada
Amar amar
o teu jeito de me dizer que a política é uma grande
[desgraça
que o mundo está perdido, que a mudança no curso
[das águas

para um amanhã em sombra, que os peitos pretos
de petróleo e plástico não saberão o que fazer
com esse amanhã em sombra
nem nós saberemos, nem queremos saber
Amar amar
até que não seja mais possível
até que os dias defequem sobre o leito
até que a noite desperte as formigas da nossa boca
Amar amar
até que eu me zangue e não te ame mais
até que tu me humilhes e eu deixe de te amar
porque nessa altura já seria muito estúpido
amar amar.

NUM DESCAMPADO DE VIDEMONTE

No princípio, era o encantamento.
Depois veio a curva da tua boca.
Depois, a morte frígida da janela.
E o inverno te proibiu de me ver
chegando à esquina do teu prédio.

Mas agora é tempo de provar olivas
e dar permissão à luz da lua pra cobrir
o nosso corpo com um xale de escárnio
aos olhos curiosos e maus da província.

E tu te ajoelhaste. E eu me ajoelhei.
E o clarão nos enterneceu o sangue
e tu querias fugir dentro de mim.
E tu fugiste com o bramir dos cães
e eu sofri o uivo cálido da lua de neve.

PÓS-PORNÔ

Senhor, não me beijes assim.
Não me olhes tão assado,
não toques este ponto da
minha cintura, que posso
ficar ridículo fora de órbita.

Não me baixes as calças
que pode ser, senhor, que
eu te devolva pupilas de
fogueira e o teu stent o
deixará totalmente na mão.

GREVE GERAL

Quando você diz greve, meu amor,
eu digo delícia
mete tudo depois faz piquete
dê todo o gás que se encena em cama
ou quando o tesão rompeu a barragem
e ocorreu de a gente
se chupar no banheiro do bar.
Sabe quando tenho mais vontade
de adivinhar seus cheiros?
— feito um gato nos beirais das casas
proclamando que ao meu ser orgástico
só restam todas as profundidades.
É quando você diz que devorou Lukács
e que acha David Harvey um velhinho
de guerrilha ou
quando me telefona recheado dessa
indignação fulgurante com a boca
arreganhada de revolta e confessa
hoje acordei mais revolucionário que nunca!
Eu aprecio os espíritos plenos de juventude
porque eles sabem a hora de acordar
e cozinhar o pirão da rua.

some doors have opened, others closed

EDUARDO VALMOBIDA

São Paulo, São Paulo, 1995

Publicou *princípio* (Urutau, 2022), *sede* (Laranja Original, 2023) e *estratégias para cavalgar a solidão & outros monstros* (Cachalote, 2024). Vive e trabalha em São Paulo.

ESTRATÉGIAS PARA CAVALGAR A SOLIDÃO

falar com deus:

                    vem.

      não tenho medo de te ver.
mesmo sem um vislumbre da tua pupila
      ou da tua sombra notícia,
hoje o eco da tua voz me bastaria.
      vem.

                            vem.

como te seduzir ao leito da mente?
como te trazer de volta à vida em mim?
    o que teria eu a provocar ofertar oferecer prometer jurar rezar recitar teus mantras teus nomes teus segredos
        qual incenso qual vela qual lágrima te chamaria a atenção
      te faria clamar por mim e por ti
      na voracidade leviana de um corpo por outro
      como te invocar
      trazer tua face escura à baila da vela
      do tempo, convidar tua ausência robusta
      a marcar presença nos meus salões de silêncio
      penetrar meu corpo sonho cosmo
      essa urgência que,
      porque não me resta alternativa,
      chamo:

seria apenas uma claridade qualquer se,
por um resquício atômico de memória,
tu não tiveste habitado a vastidão da minha pele através
dos séculos e, talvez por amor, te entediado de mim
      ou de ti.

o que poderia eu te dar
além deste corpo
com nome esqueleto vestes
      epiderme eriçada em extática dança,
      em meditação abissal e luz
      muita luz
      submersa no útero da dúvida
      como um choro escondido no escuro?

      senão com língua e boca,
      como te açular à palavra?

o que posso, sem medo, ofereço:
      o cru do peito
      carregado da memória do afago de outro
      de sede e suor.

      uma língua encrustada
            do sebo branco da ladainha.
      uma boca fétida um amargor
      muco primevo não o doce gozo.

      de mim,   um vazio menos desafinado.

      e porque coube na minha boca uma língua
      fui o úmido móvel dançante quente
      e produzi sons e roubei um eco do mundo.
      fui o puro ardor das dunas.
      tramei minhas estrelas à mentira noturna
      atravessando o pó da pedra
      engoli o átomo primordial
      que me provocou tempestades de copo d'água
      e à minha existência devastou.

EDUARDO VALMOBIDA

fingindo ser amor,
me atirou ao sumo da lama.
do corpo da mãe de vestes anil
me trouxe aqui
a este ponto

sem nenhum consentimento.

e tendo aprendido
o segredo do azul da pérsia
a feitiçaria dos signos linguísticos
a linguagem das nuvens
a retórica do *kāmasūtra*:

ah
seria tão fácil te trazer a mim,
te dizer:

                                            vem

e te esperar sentado em lótus
    pernas cruzadas braços abertos
    talvez um pouco corcunda
    ninguém diria ereto
    um pouco desconfortável
    ninguém diria calmo
mas esperar pacientemente
    até que venhas espocar
    teus lábios
    nas minhas palavras
    até que descubras
    meus olhos
    enterrados em meditação.
até que te esqueças
    de tuas falhas e anseios.
e eu possa, enfim, criar,

        para tua diversão,
outros matizes da existência,
          enriquecer tua dramaturgia.

se não eu a te chamar,
qual seria o teu lugar no mundo?
se não são mais necessárias catedrais ou templos
se o santo foi calado
se te entronaram numa montanha
       e à escalada nomearam pecado
se ao divino o acesso foi revelado:
       um livro um punhado de sal
se na cantiga e no escarro teu nome toma forma
se na herança do escapulário *japamālā* te cravaram
       vento e chuva e raio
se na mente rasuraram teu símbolo auspicioso,
na pedra da loucura, enfim, entalharam teu nome
       e a deixaram erodir pelo silêncio.

    agora que ouves este chamado, saibas:
    é uma oferta de espírito:
    amplos vazios para habitar
    e uma boca que, nebulosa, se abre,
    à tua voz trovão deixando passar.

    minha estratégia para cavalgar tua ausência
    é me entregar ao ar como se recita um *mantra*,
    condensar a mais esperançosa lorota: vem

                       e te espero vir
                       como ao amado
                          ao gozo
                    à maldição da morte
              ou à carícia íntima da solidão.

EDUARDO VALMOBIDA

MOLDAR UM CÂNTARO DE SEDUÇÃO

  à sombra dele não foi dado o direito de dizer:
    nossos corpos se encaixam
    tuas pernas entre as minhas
    teu dorso perfeito ao meu tronco
    minhas mãos, do tamanho propício a emoldurar
as tuas
    teu pescoço minha boca
    nossos olhos em melindrosa oposição
    os teus meus, azul-céu,
    os meus teus, cedro
      convidando à danação.

leviano, digo dele. no cansaço e no osso, seu calor torna meu azul mais denso. seu corpo chega a mim como se deve achegar ao túmulo de um santo: sereno no temor e ansioso no que arde. sua voz, em sussurro solene, me aprofunda no meio da tarde e toda rima que rompe o segredo do nosso alento nos retira do leito arrasta ao abismo lança ao arrepio lento que brota do reflexo da sua face no horizonte do meu olho.

o meu amado é
  o silêncio
  e o que sobra de um terremoto.

      na intimidade das minhas entranhas,
      uma rachadura bem escura
       ainda sem nome.

mas não o quero agora: é na urgência e no susto
que o arrepio atravessa o tempo e faz do medo gozo.
a presença dele é terracota girando no torno,
delírio que em mim encontrou forma.

nos seus dedos minha crueza encontrará apoio repouso
e promessa
— à crueldade, não daremos espaço.

ele me carregará nos braços
forte grave, me carregará nos braços
eu, aquário   cântaro   barro
ele, moldando pacientemente
       à sua imagem e semelhança
a tentação.

mas nunca haverá fusão:
a pele dele é grossa
e o úmido de mim evapora no seu calor.
ele enfincará sua língua no céu da minha boca e dela o
sol rachado no crânio chamuscará a última lasca. cederei
como é o destino de todos os limites.

aos cacos não daremos nome, porque com eles não se
pode servir água no entardecer seco do nosso encontro.

desejo muito a sua sombra: sob ela me assentarei, e aguardarei dos seus frutos a madurez e o perfume.
quando abocanhá-los, pensarei só nele, milagre à minha
carne, orvalho de sonho aos meus pesadelos.

o meu amado é
      mais urgente que um oásis.
      à minha sede, só ele basta.

da penumbra serena ainda não sabemos.
esperamos o desabrochar do sol no sétimo dia
que tornará o frio da cama refresco
     e dos corpos corpo
      dele e meu   nosso
      delineando a sombra de deus.

EDUARDO VALMOBIDA

não haverá noite escura entre nossos pelos
      porque do breu de mim ele beberá
      e da sua leitosa alegria meu corpo se fará luz.

já extasiados de calor,
seu suor meu suor,
ele será da solidão o meu refúgio
e, da plenitude,
meu mais desprezível fervor.

os lábios dele são de esmalte trincado.
na gruta da sua face o eco é um convite silente.
     é minha a terra e dele a semente.
     é dele a lâmina ausente entre a pele e o lençol.
     é minha a tinta que entorna seu segredo no papel.

quando ele chegar
serei todo arrepio e batimento
macerando os estilhaços do que outrora foi solitário.
e de toda a tensão que sobrevive em mim
    restará só
        pureza
        e pó.

o meu amado é
    o mais intenso azul-cobalto.
        dele o céu se desfaz por impureza
        dele a vil aleluia penetra o meu corpo
        dele a maior altura da nuvem é o raio.

        quando ele vem,
          da escuridão
          nem sombra de dúvida
              perdura.

CAETANO ROMÃO

Ribeirão Preto, São Paulo, 1997

Publicou *Um nome inteiro disposto à montaria* (7Letras, 2021), semifinalista do Prêmio Oceanos 2022. Vive e trabalha em São Paulo.

281

SAPATOS DE ARAME

tinha eu a idade de dezenove anos
quando o amor me apanhou
feito uma surra
fui ao chão é o que digo

não importava tanto que tivesse
o corpo todo empolado, comido
amor pra mim aos dezenove anos
era picada de borrachudo cobrindo a pele inteira
mordida de carrapato no sumo

tanto que queimaram minhas roupas no fundo do quintal
cismavam com os fósforos dizendo
infestação assim
só se remedia com querosene
ou saliva

eu pelado no quarto caçando
onde é que aqueles bichos abriam caminho em mim
na virilha no sovaco na nuca
o dedo tentando suas coceiras
nem havia unguento pra me agradar
tamanha febre

tinha eu a idade de dezenove anos
e fiquei arregalado no meio da noite
nauseado
antecipando remela
estreitando no colchão
já me fazia a guerra por não saber
onde decidir as mãos

eu por exemplo
tinha a idade de dezenove anos

CAETANO ROMÃO

quando o amor me infernizou de azul
a paisagem
e dirão que nem era manhã
eu tinha as cuecas estendidas
pra secar na janela

A BANANEIRA

como teodoro que esporrava dentro da bananeira
ninguém suspeitava
téo assoviava eu ia

da primeira vez ele agachou
cutucou o caule com a faca
como procurasse um osso
não que me estendesse o canivete e
dissesse *tó faz o teu furo*
as coisas que teodoro me demonstrava
sem ensinar

apegado na bananeira
ele mesmo esverdeado furioso vesgo
numa arrebentação de sei lá eu

ele gostava que eu visse
eu gostava de ver ele me vendo

mas não sobrava gesto
a goela seca
meu sangue todo torto
uma vontade enguiçada e brava
estorvando as minhas pontas:
vontade de enfiar a unha no teodoro
relar nele

cada vez mais veloz
e pesado
teodoro crivado de folha
bufava
cara de quem pedia pra tomar na cara
botava pra fora pingando
não me vendia um sorriso um ai

daí os bichos:
primeiro vinham as formigas
saúva lava-pé outras que não conheço
seguia um galo ciscando no melado
revirando tudo
parecia dizer *é só isso então*

só depois vinha eu
matar as formigas
e a sede

CABRA-CEGA

murro em ponta de faca não mais
não vou mais bater cabeça
estraçalhar o queixo no beijo de teodoro
nessas perdi todos os meus dentes

que — é verdade — caíam bem as coisas
que ele me punha na boca
isso é

um homem — parecia — sem caroço
pedaço de cana
teodoro ele
que conhecia meu céu da boca
como nem eu

mas já não posso com tanto
o perímetro daquelas coxas
topando com cada parede

cabra-cega meio-dia
hoje não

nessas brincadeiras perdi todos os meus dentes

OS JOGOS DE AZAR

às vezes me preservo
noutras ele enfiava as mãos dentro da minha calça
da melhor maneira

um homem de um olho só
e meias palavras
o melhor dos homens
certamente há de comover

eu dizia
teodoro nunca conheci nenhum teodoro como é que são
quando eu devia dizer isso aqui é um assalto
te tomo isso também
encardir
dar um soco na boca do estômago do seu nome

trago ele dentro da minha cueca
e o uso violento que à noite eu faço disso
não é escambo
não é esmola
é uma troca arriscada de reféns

JÓQUEI

ser esse que te grita do outro lado da rua
dá bandeira palpite o braço a torcer
agir assim
como se te conhecesse de ontem

não
a porta encostada sem passar a tranca
itinerários cartelas
os dados rolando pelo meio-fio

chego em galope manco
varado de tanta cancela
cabelo agora aparado
como em tempo dos torneios

era mentira então
que já era ida a moda das apostas
suor entabulado em placar

um sujeito assim se mede é pela gana
se agarra pelo tornozelo
distribui afeição no muque

nota: não ser esse pelas arquibancadas e murais
de lá pediam minha cabeça
menos você
você conferia o troco
e na falta de aceno bravata pódio
me vinha:
de mim não conheço minhas costas

PLANTAÇÃO

1.
Teodoro de desastre perdeu o olho esquerdo:
um galho de arranha-gato que quando entrou
não durou mais que um segundo. Fez um estalo
de jabuticaba estragando a retina,
ele uivou, falou o diabo,
seu sangue escorrendo errado
na horizontal.

2.
Por causa disso,
Ele pedia pra eu sentar na sua direita
que era — como ele chamava —
a do olho bom.

Do outro lado eu podia cometer uns furtos e até
ser ruim.

Falei quando o sol se põe tem um nome
que se chama arrebol. Fez que não ouviu.

3.
Um dia Teodoro apareceu na porta de casa
com uma bacia de jabuticaba
e um tampão.

A gente sentou no degrau
de casa,
ficou ali resmungando,
cuspindo as cascas longe.

Eu caolho, ele desdentado
ou ao contrário. A gente revezava.
Pra gente parecia ser assim mesmo.
Meio quebrado, faltando as partes.

Como eu não tinha
nenhum dente na boca,
ele furava as frutas, me dava pra chupar
na palma da sua mão.

Como ele não tinha um olho,
eu enfiava a língua
naquele cavado. Passava cuspe, barro
fazia um reboco.

Dava gosto.
Plantar um caroço
de jabuticaba
no olho do meu namorado,
justo onde lhe faltava o olho.

Teodoro de bruços
por cima de mim. Ou ao contrário.

Grama, desgrama, desgraça pouca.

MAU-MAU E A MEDICINA

I.
mau-mau na outra ponta do sofá
sentado feito um buda
cheio de farelo no colo
me faz recomendações
a calvície a rinite a nicotina
de perna cruzada
comendo biscoito de maisena
prescreve xaropes medicinais
conhece bem minhas manias
mau-mau é bom
só o sapato no estofado desmente
logo ele que diz
não pisa com o pé no sofá
mau-mau hoje está terrível
muito sabido
toma meu pulso
cheira minhas partes
desconfiado
querendo saber
de onde eu vim

II.
a partir de agora
se faz necessário
certo *recuo*
não tão brusco:
mau-mau estralando meu dedão
do pé esquerdo
me elogia dizendo
você parece ser simples
tento responder
mordo a língua na pontinha

me espremo contra o sofá
agudo de aflição
sua fala cirúrgica
limpa os óculos
na borda da cueca
pra ver de perto
pra ver melhor
mau-mau que
me conta verdades
como se catasse pulgas
diz assim
como um doutor
me dá o outro pé

III.
recuar
como um ossinho volta ao lugar
depois que puxa
sei de gente que estralava
os lugares mais improváveis
escápula cotovelo bacia
isso pra não falar do resto
quem estrala o corpo
teima com o corpo
quer prolongar o corpo
está de mal com o corpo
como se padecesse
de um soluço no osso
digo *já chega pro mau-mau*
esse sou eu encolhendo as pernas
eu que muitas vezes sinto cócegas
em lugares indevidos
esquecendo as coxas
em lugares indevidos
gargalho quando não quero

confundindo com bitucas
minhas unhas cortadas no chão

IV.
gente que pigarreia antes de falar
mau-mau é desses
como se trouxesse notícias muito novas
o rapaz é profissional
mau-mau corrige minhas lições
e meus ossos

V.
faz de conta que ele
guardasse um estetoscópio
ao redor do pescoço
a brincadeira é essa
quem tira a roupa sou eu
quem fica vestido é ele
conhecemos bem
os papéis
eu digo *é aqui que me dói*
já ele apalpa outro canto
assim vai
decifra meus centímetros
os pentelhos
todos no mesmo lugar
fica pasmo quando tusso
interroga anota cutuca
caxumbas catarros
insinua *o caso é grave*
entre nós alguma malícia
de ciência ou suborno
diz que tenho dor de dentes
no coração

não acredito
não peço a receita
não pago a consulta

ESTRIBO

há um homem que quando senta
me garante que está deitado
parece conformado
com a circunstância de chão

se ele dissesse vou também
mas pode ir indo na frente
ficava:
do jeito que melhor me sei
queixudo orgulhoso
agachado
que nem notasse ele adiantando seus cadarços
quando me confia que está deitado

há um homem que se põe de pé
num canto onde pouco o vejo

convém conhecer seus joelhos
a estatura que eles toleram
se eu mesmo tenho um cangote inteiro
disposto à montaria

há um homem que dispara
quando me insiste que está deitado

convém conhecer
o que ele possui entre os joelhos
o que promete de estadia e pressa entre os meus
correndo tão retrasado a mim

gosto que seja ele
dedos que só me percebam pela gola
uma nuca que importe mais que um rosto
arreado, por um triz

esse homem erguido
mesmo que deitado

you only tell me you love me when you're drunk

ALAN CARDOSO DA SILVA

Belford Roxo, Rio de Janeiro, 1998

Publicou *Aught* (Trevo, 2020) e *Obscenas* (Patuá, 2022). Na pesquisa de mestrado, traduziu *Echo's Bones and Other Precipitates*, livro de poemas de Samuel Beckett. É também artista plástico. Vive e trabalha em Duque de Caxias, Rio de Janeiro.

DESASTRE

                     O
                     sol

já viu de tudo
nada novo há de surgir
* * * * * * * * * *
  * * * * * * * * *
mas
uma outra estrela vindoura
* * * * * * * * * *
  m a* i* o* r* * * *
* * *r *o *b *u *s *t *a *
ofuscará as estrelinhas
devolvendo o amor ao acaso
* * *
  * * o céu em chamas
        calará sobre o destino

nas entrelinhas:
—

essa ocasião será

                         um
enorme   desastre
—

ALAN CARDOSO DA SILVA

CRUZEIRO DO SUL/NÓS DOIS A SÓS

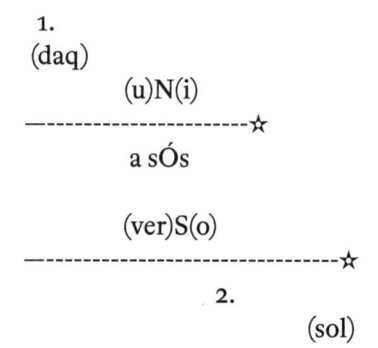

    1.
(daq)
        (u)N(i)
———————————————☆
       a sÓs

        (ver)S(o)
———————————————————☆
          2.
              (sol)

ETIMOLOGIA DE CONVENIÊNCIA

sozinho um pó só é só um pó
mas um pó só mais outro pó são sóis
um sol só é só um sol sozinho
mas se há outros astros sólidos não são sós
ainda assim um sólido só é só um sólido só
mais um outro pensam se são ou não solidão
uma solidão só é só a solidão de se estar só
mas estar a sós com outro chama-se companhia

ADORAÇÃO DE RA

For example:
Osiris equates O-sir-is or O-Sire-is;
[...]
relates resurrection myth
and resurrection reality
through the ages;
H.D., *The Walls Do Not Fall*

    Ser-de-lugar-nenhum   fez-me Ser

𓋴𓏏𓇯𓁐𓊃𓂋𓇳𓆑𓂋𓀭𓉐𓏏𓈇𓂋𓏏𓊖

        Re-i do Mundo

Ergue-se Ra
toda manhã
amo-me como a um deus

POEMA DE ANIVERSÁRIO [VOCÊ FUMA E DEIXA PELA CASA AS PONTAS ESPALHADAS]

você fuma e deixa pela casa as pontas espalhadas
eu brigo com você
porque você fuma e deixa pela casa as pontas espalhadas
você fuma no banho e deixa pontas na pia
você fuma na cama e deixa pontas na janela
eu cato as pontas diariamente
e brigo com você
porque você fuma e deixa pela casa as pontas espalhadas

ontem à noite você fumou antes de dormir
deitou do meu lado cheirando a fogo

o sol e você acordaram ao mesmo tempo
e ao vê-lo mais velho desejei "feliz aniversário"
agradeci em segredo você fumar tanto
e praticar a maneira como me traga com os lábios

BARBEARIA DO PAULINHO

a cada duas semanas aproximadamente
os machos os mesmos
os mesmos cortes
eu também
costeleta quadrada?
pezinho quadrado?
faço que sim
e um risquinho na sobrancelha
por favor
acrescento por polidez
habitual
o corpo assentamento da cabeça
firme enquanto o barbeiro manuseia destro
a lâmina
no espelho se vê
sem os óculos
o rosto do meu pai
e do meu avô
durante aproximadamente trinta e cinco minutos
sou um homem como qualquer um deles

MERGULHADOR

pleno   de sal e sol surge   como uma ilha
uma cesta repleta   de ostras ostenta   exposta
que me pergunto   se meu desejo seria
peso demais   para as suas já atarefadas   costas

ALAN CARDOSO DA SILVA

PROVÍNCIA

o sol   latente sobre o campo
de papoulas,   minhas papilas
colhem   teus látex   opioides

TANQUE

ondinhas verdes
e muitas   braçadas
os lemes rasgando   a água
são pênis de   nadadores nus

POMAR

rompe-se o pedúnculo
um baque   úmido
turfa   e fruta
certa penugem   de pêssego
um homem   de bruços

CASA DE CHÁ

rumor de chá
laca   e porcelana
qualquer rapaz   te serve:
"dois dedos ou mais um pouco?"

ALAN CARDOSO DA SILVA

BOM E BELO

Prostra-te perante Pátroclo
Perante Aquiles prostra-te também
    Não revoga teu erro súbito
    Não é estúpido teu decúbito
    Perante eles que também são Alexandre

Rainha-mãe dos persas
Prostra-te perante aquele ali
    A honra que me cabe não é grande
    Teu engano é erro algum
    Nem te tornas nenhuma apóstata

Pois, Heféstion, sois
também Alexandre
    ao acariciar minha próstata

WALLACE PRADO

Ponta Grossa, Paraná, 2000

Graduando em Letras, é cocriador do Grupo Tumultualis e coedita a revista independente *Evocação*. Vive e trabalha em Ponta Grossa.

JÔNATAS

> *E disse Jônatas a Davi: Vai-te em paz;*
> *o que nós temos jurado ambos em nome do Senhor,*
> *dizendo: O Senhor seja entre mim e ti,*
> *e entre a minha descendência e a tua descendência,*
> *seja perpetuamente.*
> 1 Samuel, 20,42

Esteve também ausente a lua
    na tua ausência
A noite, por três dias, tão escura
    pela tua ausência

Estende com cuidado tuas mãos
    em minha cabeça
Tenras e tristes, são mais que a coroa
    sobre a minha cabeça

Aquece-te com este meu manto,
    meu amigo
Alimenta-te com este meu pão,
    meu amor

Que fiz ao rei, teu pai, para que
    se enraivecesse?
Por que contra mim a sua lança
    se enrijece?

Não te preocupes, querido, vês como
    se ergue a lua?
Aos poucos, em nossos olhos, aos poucos,
    e brilha, aos poucos...

Soou minha harpa pelos seus salões
    e estão duros meus dedos
Aquele e quantos filisteus não derrubei?
    E estão sujos meus dedos

Por que não os limpas em meu corpo,
    meu amigo?
Em tuas lágrimas molhados, limpa-os,
    meu amor

Para onde vou? Onde que não esteja
    longe de ti?
Quantas fugas desta serão fugas para
    longe de ti,
        Jônatas?

Distende-se a corda para lançar
    a flecha
Feito a funda que feriu Golias
    tua pedra
Apascenta-te, não é também assim,
    meu amor,
Que de seu bojo lenta a lua se retira
    ao esplendor?

Contigo estará sempre a minha capa,
meu arco, meu cinto e minha espada.
E quando, pelos filisteus perseguidos,
chegar a morte minha e a dos filhos
De meu pai, desobediente, *teu amor
mais maravilhoso do que o amor das
Mulheres*, a meu pai e a mim não
                lamentarás?
Contigo não reinarei, quando, obediente
e misericordioso que tu és, pelo Senhor
Tu fores ungido o Rei de Israel? O arco

na mão dos teus filhos será mais teso?
E assim, se assim o for, perpetuamente
não serão a minha e a tua descendência
Unidas, em Amor cerzida a linhagem
                do Messias?

Esteve também ausente a lua
        na tua ausência
A noite, por três dias, tão escura
       pela tua ausência
Mas se amolecerá a lança em Astarote
e mais teso será o arco nas tuas mãos
              mais justas

VERME-ANJO

Permeado de escuro, curvo
feito feto filhote inseto
ou anjo aos poucos é
percebido em negro-azul

Curvo em inocência
as omoplatas em direções
opostas distendidas
abrem, ao centro, um sulco

Mais escuro
(fosse possível) emerge
à pele a pele escuro menos
(agora) estranho ao olho tácito

O ádipo
gelatinoso (intermezzo de derme
e osso), branco-ovo e húmus
de um corpo duro de músculos

Fibrosos
montados de vasos, nervos, a
néis e linhas memória de ser
verme-anjo *o clitelo-pescoço*

Move-se
apenas em movimento de oceano
ou pulmão liquefeito morto ou
antes dança-mística-de-brânquias

— Coração
anfíbio de ar e sangue onde
escuro ocupo e me escuso
de ser homem em teu corpo
                    onde
quanto mais escuro   mais
                humano
                   é

FILHOTE

Foi o primeiro filhote
tão logo chegou em 2 anos
Foi o segundo filhote
durou mais um pouco
Foi o terceiro filhote

O pet que é como um filho
pequenino, roliço, pelos macios
e mal faz sujeira
       (a mãe come a sujeira
       sacrifício amargo de
       presas)
Cabe nas mãos espalmadas
como receber as bênçãos
como segurar um rosto
como comer melancia

Cresce o filhote, e agora
ele alcança as suas bugigangas
na estante, ele marca território
no teu quarto, *ele caga em tu
do!* você grita, após pisar na
sujeira

Ele ainda é pequeno, enérgico
nos diverte com algumas palha
çadas, enquanto destrói teu chi
nelo (por algum motivo tão ca
ro). tudo bem, tudo bem, ama
nhã eu compro outro

Vocês dois cruzam olhares de
faroeste. eu temo a violência
que cruza os olhinhos animais

(não ficaria brabo também?) e
tudo volta à diversão corriqueira
cansativa

*tudo bem, tudo bem, amanhã
eu compro outro*

Nossos cabelos se espalham
por toda a casa, sobram na rou
pa, se enroscam nos genitais
no fundo da orelha, enlaçam
as pupilas, infectam a comida
em todo o lugar, em todo o lu
gar

O cachorro aprendeu a usar
o banheiro, a sentar de pernas
cruzadas, a não latir de noite
Agora ele sabe a hora de
pedir carinho, e de se ausentar
e onde guardar o brinquedo
antigo

O cachorro está grande, velho,
não fala muito *(antes ele cabia
nas mãos espalmadas, olha, agora,
o chumaço de pelo que eu cato
todo dia, em mim)*, é hora
de o pôr pra fora

amanhã
eu compro outro

É NOITE

É noite
seus braços trêmulos
se entrecruzam
Há um pouco
de silêncio
em cada canto

Seus braços
entrecruzados apertam-
se em espinhos
De rosa ou
coroa-de-cristo ou
colchão-de-noiva

Seus braços
um arco-trança-cor-
rente sobre o peito
É noite e as
noites não se cobrem
como os olhos

Seus olhos
abertos como noite
fria e vívidos
Botões
sempre florescendo
onde flores

Cercadas
de espinhos e veios
branco-leitosos
Seus olhos
abertos como noite
fria e vívidos

Há um pouco
de silêncio
em cada canto
Entre seu
nariz, queixo e
lábios tímidos

Seu rosto
colchão florido
de quietude
Seus braços
cerca-viva de um
plenilúnio

[MORENO]

Moreno
ou pardo

(essas complicações étnicas
de um país como o nosso)

Cabelo espichado
pontudo
Cristo e suas parábolas
ou
passarinho exótico de quintal

(essas complicações ontológicas
de um país como o nosso)

As benzedeiras passam o dia todo
fechando o peito de crianças
Os jovens de braços abertos
nas noites infindas de bebedeiras

      (e graças a Deus!
      que são assim)

Você.
a boca molhada
de cerveja
suas palavras
úmidas
enxugadas por
um cigarro

(esse
pragmatismo de mulher)

Você.
o peito em
tons terrosos
um jardim
ou floresta
(essas com
plicações...)
pulsando

Você.
braços escorridos
feito os cabelos
de madelena, maria
que soube escolher
a boa parte,
a qual não lhe
será tirada

Você
se despede com
um abraço fundo

(esse
pragmatismo de mulher)

326

POSFÁCIO

GUILHERME DE ASSIS*

* Mestre em Estudos Comparados (FFLCH-USP), com a dissertação *Escritas do desejo: Representações do corpo homoerótico na lírica de Roberto Piva e Al Berto*. Doutorando pelo programa Letras Modernas e Tradução (FFLCH-USP) com a tese *A presença de Dante em Pasolini*. Leciona Literatura no Ensino Fundamental.

Poderíamos falar, junto a Foucault, que este projeto é a consequência de uma verdadeira política da amizade, o que é comum na construção de comunidades gays. No caso particular dessa nossa aliança — entre o organizador deste volume, o autor deste texto e seus editores —, ela tem sido a preocupação em cultivar escritas e textualidades tanto esquecidas quanto meritórias de atenção. É curioso, mas não causa espanto que a editora Ercolano, em seu trabalho de resgate de textos esquecidos, venha agora enriquecer o seu catálogo reunindo um conjunto de poemas contemporâneos de uma temática relegada ao esquecimento, ao menos no que diz respeito ao amor homoerótico entre homens, conforme cantado pela Antiguidade greco-latina. *Nota bene*, em meio ao bem-vindo leque de identidades e performatividades de gênero da contemporaneidade, o caráter um tanto obliterado, ainda que altamente interessante do ponto de vista social e estético, dessa poesia se mostra relevante na contemporaneidade.

A antologia está organizada da seguinte forma: são 21 poetas nascidos entre 1968 e 2000, apresentados em ordem cronológica a partir da data de nascimento. Os poemas são de estilos e assuntos diversos: humor, amor, pegação, desilusão, pé na bunda, experiências místicas e grotescas, divinas e pedestres, e assim por diante. Em comum, todos os textos se filiam ao *topos* literário que aqui chamamos homoerótico masculino. A antologia tem por critério, além da agrupação dos textos pela sua temática, a própria identificação dos poetas como homens gays. Poder ser um homem gay é uma diferença desta geração de escritores aqui reunidos. Anteriormente a essa identidade pública, esses escritores teriam caído em outro sistema de identificação de gênero e de sexualidade: "entendido", "fancho", "mole", "boiola", "paca", "bicha" e que tais era como se referiam aos de sua laia as gerações passadas. Essa é uma diferença em relação a outras antologias homoeróticas existentes, em que os escritores e as escritoras não se identificam necessariamente como gays ou lésbicas, mas abordam a discursividade homoerótica como tema literário.

É importante que se compreendam os critérios de seleção, pois cada antologia é um recorte, uma proposta de leitura — e de diálogo com o cânone. Esta proposta feita por Ricardo Domeneck é uma pequena constelação à parte dentro da vasta galáxia da poesia de cunho homoerótico. Sabemos, o poeta é um fingidor: "finge tão completamente/ que chega a fingir que é dor/ a dor que deveras sente". E disso se trata esta antologia. Afinal, cada um sabe a dor e a delícia de ser o que é.

Tratar o homoerotismo masculino não apenas como tema literário, mas como experiência e vivência que atravessa o corpo — e a cabeça do poeta, geradora de certa textualidade —: parece ser esse o alvo da discussão proposta por esta antologia. Para dizer de outra forma, o compilador — ele mesmo, poeta brasileiro gay, escritor de finas peças do homoerotismo masculino — coloca o corpo da poesia, o *corpus*, a favor da cartografia da poesia do corpo, entendida como *experiência* próxima a estas duas realidades: texto e vida.

Antologias, além de uma constelação, podem também ser consideradas uma cartografia particular. Particular porque nunca coincidem com o território que representam, como já nos ensinou Borges. Coincidem, porém, com a subjetividade do leitor e de suas leituras desse *corpus*, os seus gostos e afinidades eletivas, algo que, ao fim, é sempre arbitrário, e muito longe de ser absoluto ou definitivo. No sentido geográfico deste mapeamento, são oito os estados da Federação dos quais se originam os poetas: cinco de São Paulo; cinco do Rio de Janeiro; três de Minas Gerais; dois do Pará; dois da Bahia; dois do Paraná; um do Mato Grosso; um do Rio Grande do Norte. Esse é o recorte geográfico aqui apresentado da mais recente poesia homoerótica brasileira.

A maior concentração (mais da metade, treze em vinte) é de poetas oriundos de três estados da região Sudeste (SP, RJ e MG), o que parece confirmar a tendência histórica de maior condensação de editoras, feiras, livrarias, bienais, universidades e todo um universo em torno do livro e da leitura nessa região do país, reflexo da concentração do poder econômico. A diferença, ao contrário, é o surgimento de textos homoeróticos fora dos centros urbanos dessa região. O fato de que quase metade dos poetas aqui reunidos (oito dos vinte) venha de estados de fora da região Sudeste (nesta antologia, BA, PA, PR, MT, RN) talvez indique, entre outras coisas, que haja maior espaço para a circulação do discurso homoerótico na sociedade como um todo, e não só nos centros urbanos de uma única região do país.

São três, então, os eixos que organizam esta antologia: (1) a sua temática, a poesia homoerótica masculina; (2) o recorte geográfico, com pelo menos um poeta de cada uma das cinco grandes regiões do país; e, finalmente, (3) o seu recorte temporal. O poeta veterano, Renato Negrão, nasceu em 1968, e o mais novo, Wallace Prado, em 2000. Esse marco histórico pode ser visto como uma geração.

Segundo a sociologia, muitos são os fatores que contribuem para a caracterização de uma geração. Em geral, porém, parece haver um consenso de que um desses fatores represente um forte sentido de identidade coletiva, algo que marque uma diferença em relação à geração anterior. Os poetas reunidos nesta antologia talvez sejam os primeiros da literatura brasileira que podem se declarar abertamente gays e que desfrutam do desabrochamento da palavra homoerótica em poesia, gozando da liberdade de tratar do tema sob as mais variadas perspectivas: o amor, o desejo, o desencontro, a expectativa, a consumação.

De vários ângulos é possível abordar a questão. Uma abordagem elucidativa é o levantamento sobre as condições de publicação e circulação desses textos. E não estamos falando exatamente das condições de produção do discurso, sobre a possibilidade de se dizer algo; aqui, estamos olhando para quem publicou o quê, quando e por onde. Não raro, a difusão desses poemas se deu primeiro em formato eletrônico, precedente à sua circulação em formato impresso. Quando aparecem reunidos em coletâneas, é por fora das grandes editoras que surgem, em projetos editoriais independentes. Portanto, a aparição da internet na cena e de projetos editoriais independentes, muitas vezes autopatrocinados, além de um fator literário é uma nova realidade sociológica dessa geração aqui reunida, se comparada às anteriores. Há ainda os poemas inéditos, aparecidos primeiro nesta edição.

Isso não quer dizer que estes poetas tenham abandonado a forma do livro, pois quase todos contam com publicações impressas — e esta coletânea é mais uma prova do que se diz. Talvez isso se explique pela maior abertura do mercado editorial para a produção homoerótica masculina, ao mesmo tempo que é testemunho deste momento de maior variedade no mercado editorial a partir do surgimento de editoras menores, com projetos editoriais autorais, com menores tiragens e lucros. É o que se convencionou chamar "bibliodiversidade". Há de se lembrar que, em se tratando de poesia, homoerótica ou não, nunca estão previstos grandes tiragens ou lucros. Dito isso, a poesia homoerótica masculina se consolida como presença no já diminuto mercado de livros de poesia. Ainda que não haja uma relação direta entre mercado editorial, publicações e formação de público, cabe assinalar que o advento das publicações via internet e em livros de editoras menores (em porte, não em projeto) pode ser uma das possíveis explicações para o maior número de poetas gays entre nós. Dito de outra maneira, a possibilidade de publicar leva a publicar.

Antologias são também uma prospecção do presente em relação a períodos passados, em busca de indícios arqueológicos do que presentemente se manifesta para os vivos com clareza. Em outro sentido, aglutinar uma variedade de autores e épocas sob uma perspectiva própria diz mais sobre a forma que, desde o presente, olhamos para o passado do que sobre a realidade histórica em si. É o corte epistemológico que permite enxergar, na descontinuidade, o contínuo. No caso desta antologia, é um *queer eye* para a poesia — e uma piscadela para a história da literatura. Nesse sentido, o recorte temporal revela aqui não só que há uma geração a produzir certa textualidade homoerótica; em sentido reverso, joga luz em períodos anteriores, pelo menos desde o início do século XX, quando o discurso homoerótico masculino no Brasil brilhou por sua omissão. Para que se entenda esse histórico, é necessário comentar algo sobre antologias gays precedentes.

Entre o fim da década de 1970 e o início dos anos 2000, surgiu nos Estados Unidos uma série de antologias de literatura homoerótica. As iniciativas partiram primeiro de projetos editoriais autônomos, como a Gay Sunshine Press, que publicou as antologias *Now the Volcano* (1979) e *My Deep Dark Pain is Love* (1983), as primeiras de textos homoeróticos latino-americanos; *Partings at Dawn* (1996), reunindo textos de língua japonesa; e *Out of the Blue* (1997), que trazia textos do idioma russo. Fruto dos estudos sobre gênero e sexualidade nas universidades, logo foram organizadas antologias como *The Columbia Anthology of Gay Literature* (2001), pela Universidade de Columbia, com 912 páginas, abarcando da idade clássica à literatura moderna e contemporânea. Essas coletâneas pioneiras serviram para consolidar um discurso crítico e historiográfico que reconhece a contribuição do imaginário homoerótico à cultura, ao mesmo tempo que constroem uma memória social e cultural desses indivíduos e coletividades queer.

No Brasil, contamos pelo menos duas iniciativas recentes, *Poesia gay brasileira* (Amarelo-Grão, 2017) e *Por que calar nossos amores* (Autêntica, 2017). As duas publicações, lançadas no mesmo ano, vieram suprir uma lacuna de estudos e antologias de textos homoeróticos em língua portuguesa — lacuna essa que também se observa em Portugal, aliás. A última delas, *Por que calar nossos amores*, reúne, segundo os seus tradutores e organizadores, tudo quanto puderam encontrar na tradição clássica latina em que figurasse o homoerotismo masculino, abarcando gêneros diversos como a épica, a bucólica, a elegia, o epigrama e a lírica. Já *Poesia gay brasileira* é uma reunião de poemas cuja temática central é o homoerotismo. São 127 poemas, de 44 autores, num recorte que vai do século XIX até o presente, do romantismo à poesia contemporânea. A exemplo de outras antologias precedentes, essas duas brasileiras adotam por critério a presença da temática homoerótica como proposta de leitura crítica e eixo organizador dos textos, independentemente da identificação erótica dos autores selecionados com a temática.

Para fazer jus à história, houve, antes dessas, a antologia *Poemas do amor maldito* (Coordenada, 1969), organizada por Gasparino Damata e Walmir Ayala. Damata organizou também a coletânea de prosa *Histórias do amor maldito* (Record, 1967). Ainda é digna de nota a recente *O tamanho do nosso sonho é difícil de descrever: antologia do homoerotismo na poesia portuguesa* (Avesso, 2022), que conta 101 poemas de 101 autores. O volume cobre desde a literatura medieval até a literatura contemporânea portuguesa, sempre adotando o critério de figuração homoerótica, em que os autores não necessariamente se identificam em sua vida privada com a temática representada. Além dessas coletâneas, a recém-publicada *Erótica: versos lésbicos* (Tucum, 2022), que conta com oitenta poetas lésbicas e bissexuais, também é digna de nota.

É possível dizer que hoje existe uma cena para a literatura de temática homoerótica. Essa cena é composta por editoras e selos dedicados a resgatar obras literárias esquecidas e publicar novas com a temática queer, além de livrarias e premiações literárias especializadas, como o Prêmio Literário Caio Fernando Abreu, hoje parte da programação oficial do Festival Mundo Mix. Esse momento editorial é, em parte, resultado dos estudos promovidos por programas e associações acadêmicas voltados à pesquisa sobre temas de gênero e sexualidade, como a pioneira Associação Brasileira de Estudos da Homocultura (ABEH), fundada em 2001, hoje sob a sigla ABETH, incluindo aí os Estudos da Trans-Homocultura.

Contudo, e apesar dessas iniciativas pontuais e recentes, são muitos os fatores que concorrem para que no Brasil não se tenha sedimentado ainda uma vigorosa tradição de textos homoeróticos, se comparada com os sistemas literários em outras línguas. Certamente, um desses fatores é a já mencionada indisposição do mercado editorial em publicá-los — algo que, paulatinamente, vai se desfazendo. Há de se considerar a autocensura provocada em autores gays, que ainda hoje os impede de escrever textos que evidenciem seus desejos e, assim, os identifiquem com estigmas sociais que possam vir a arruinar suas carreiras literárias e vidas pessoais. Ou talvez, e mais frequentemente, nem sequer virem a ser publicados, fosse o caso de terem os seus amores revelados. As razões profundas, entretanto, são de ordem histórica, quando olhadas de uma perspectiva cultural. O passado colonial e ibérico demonstra alternância entre períodos de repressão e censura social e estatal e períodos de relativo relaxamento discursivo, quando é possível dizer um pouco mais, algo que o passado recente confirma. Vejamos algo sobre isso.

Nas letras lusitanas, o homoerotismo literário fez a sua estreia na modernidade já no início do século XX.

O episódio, que envolve Fernando Pessoa, ficou conhecido como "literatura de Sodoma". António Botto publica, em 1921, o seu livro *Canções*, em que canta a beleza do corpo masculino. Atacada a obra, Pessoa sai em sua defesa com base em suas concepções estéticas e de liberdade de criação. Pessoa, então, é rebatido pelo texto assinado por um integrante de uma liga estudantil protofascista (ainda não eram os tempos de Salazar), que afirma tratar-se o livro de Botto de "literatura de Sodoma". Na sequência, o escritor Raul Leal escreve a sua resposta filosófica, o seu *Sodoma divinizada* (1923), em que defende que a única forma possível de ascese é por via anal — e sustenta de forma consistente o seu discurso. O livro desencadeia a ira da ultracatólica Liga de Ação dos Estudantes de Lisboa. O heterônimo Álvaro de Campos sai em defesa de Raul Leal, o que não impediria a apreensão do livro deste e o retorno da censura em Portugal. Logo viriam o regime ditatorial e o Estado Novo.

O evento citado é ilustrativo, e real. Mas nem só de eventos escandalosos é feito o tecido das palavras homoeróticas em língua portuguesa. Além das antologias, são inúmeros os trabalhos acadêmicos que atestam a presença homoerótica em língua portuguesa desde as trovas medievais, perpassando todo o seu edifício literário. O episódio relatado se explica como parte de uma cultura literária finissecular europeia que adotou o homoerotismo masculino como ideal de expressão estética maior. É o caso do grupo heterogêneo de escritores em língua inglesa conhecidos por "uranistas", do qual fez parte Oscar Wilde. Ou então os "decadentistas" e simbolistas franceses, dos quais o par literário e romântico Paul Verlaine e Arthur Rimbaud é a expressão emblemática. Fernando Pessoa trouxe para Portugal essa discussão finissecular nas suas páginas sobre estética, como na defesa de António Botto, e nos versos de seu heterônimo Álvaro de Campos.

Álvaro de Campos era o heterônimo engenheiro e moderno de Pessoa, cultor do poeta americano Walt Whitman, figura seminal para o homoerotismo moderno com seu *Folhas de relva* (1855). Campos produz uma intrincada rede intertextual de versos "pederásticos" em seus poemas, como "Ode marítima" e "Saudação a Walt Whitman", este que afirma ser "grande pederasta roçando-te contra a diversidade das coisas/ sexualizado pelas pedras, pelas árvores, pelas pessoas, pelas profissões,/ cio das passagens, dos encontros casuais, das meras observações,/ meu entusiasta pelo conteúdo de tudo". A estratégia de Pessoa/Campos é a aposta na espessura do texto: colocam poesia para conversar com poesia, criando uma tessitura homoerótica autorreferenciada, em que um poeta se comunica com outro por citação direta, pela elocução, pela emulação da métrica. Assim, por falta de referência na própria língua, cria-se um diálogo com a história e a cultura, driblando os interditos levantados na própria língua mátria.

No Brasil, a presença do homoerotismo na lírica teve que esperar um pouco mais. Ainda que se achem indícios de cenas homoeróticas na poesia desde Gregório de Matos, foi nos romances e narrativas naturalistas que, na modernidade, apareceram cenas homoeróticas na literatura brasileira. O romance *Bom Crioulo* (1895), de Adolfo Caminha, ocupa lugar de destaque por ser uma narrativa em que o par romântico é composto por um casal masculino. Já foram apontadas pela crítica as tensões homoeróticas — ou homossociais — entre Bentinho e Escobar, em *Dom Casmurro* (1899), de Machado de Assis, ou no enredo de *O Ateneu* (1888), de Raul Pompeia. Sobre esse último autor, ficou famosa a acusação que o colega escritor Olavo Bilac lhe dirigiu a respeito da sua falta de virilidade. O episódio anedótico se repetiria já entre os modernos, quando Oswald de Andrade endereçou a Mário de Andrade a alcunha de "Miss São Paulo", emasculando-o, bem como à sua escrita. Aqui, como esquecer a donzela guerreira Diadorim, de *Grande Sertão: Veredas* (1956), e o mal-estar da crítica frente à figura dessa obra monumental? Diante desse quadro, é compreensível que, nas letras brasileiras, a lírica homoerótica, onde é possível aproximar vivência e escrita, tenha demorado a florescer.

Só nos anos 1960, com a obra do poeta paulistano Roberto Piva, vimos surgir um discurso homoerótico vigoroso e articulado. Por mais que se enxerguem indícios homoeróticos na poesia de Mário de Andrade, contando um ou outro verso cifrado, ou que se encontrem alusões homoeróticas provenientes da mitologia grega e cristã na obra de Mário Faustino, foi a partir da obra de Roberto Piva que se consolidou o discurso homoerótico na poesia brasileira.

Seguindo os passos de Álvaro de Campos, a quem cultuava, Piva adota como estratégia a intertextualidade homoerótica, criando no interior de suas composições poéticas os seus precedentes literários. Assim, em seu texto de estreia, de 1961, Piva homenageia Fernando Pessoa e Mário de Andrade por terem aberto as veias homoeróticas da poesia em português. Leitor voraz dos beatniks, Piva traz a contracultura para o interior da poesia, aproximando a cultura pop dos quadrinhos e a música erudita de Pellegrini, o jazz e o pé iâmbico grego, a "quizumba" e a etnopoesia, todos esses elementos que se juntam e se ligam através de seu Eros homoerótico. No caminho aberto por Roberto Piva, seguiram outros tantos muito diversos entre si, como Glauco Mattoso e Horácio Costa, poetas dignos de apreciação e crítica que abriram os caminhos para esta geração também tão diversa em suas propostas estéticas — e que agora você, leitor, tem em mãos.

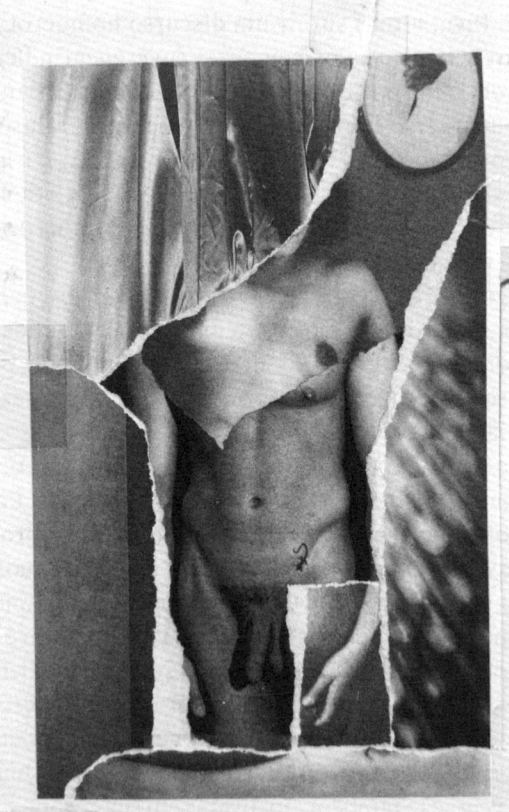

Horst P. Horst
Lisa
c. 1935

Vim Kruger | 183

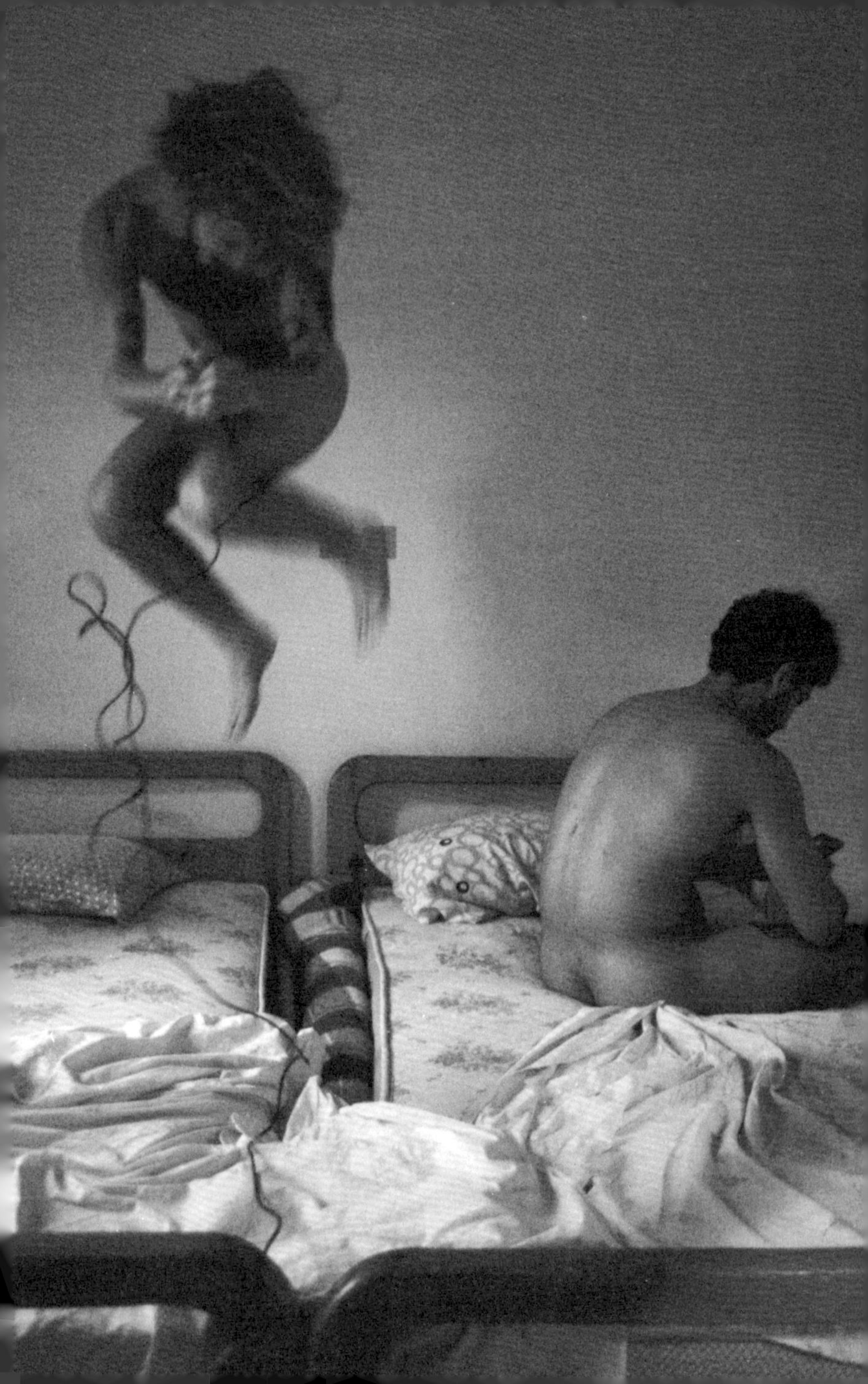

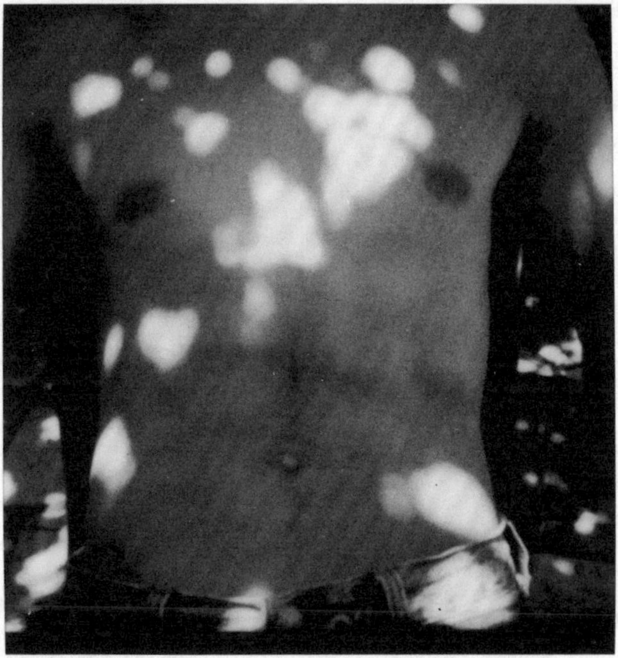

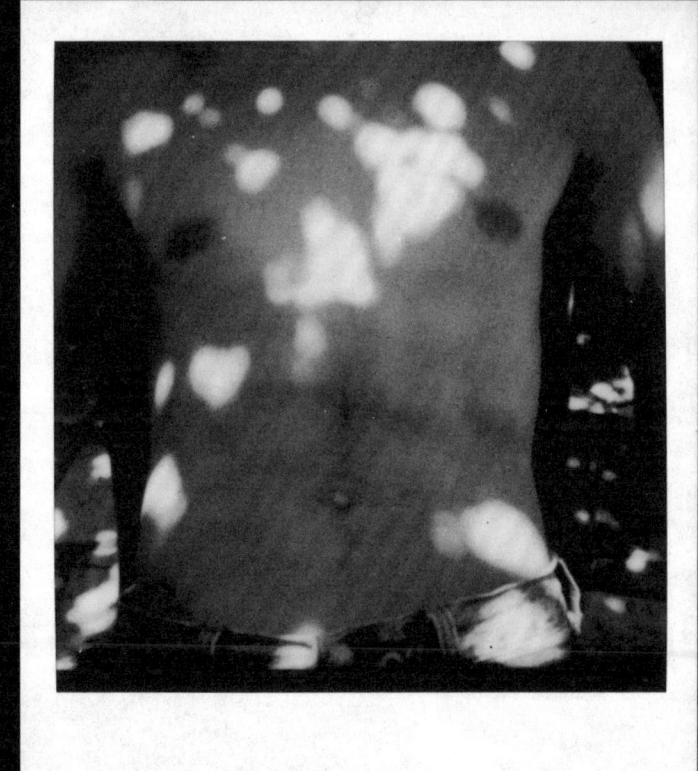

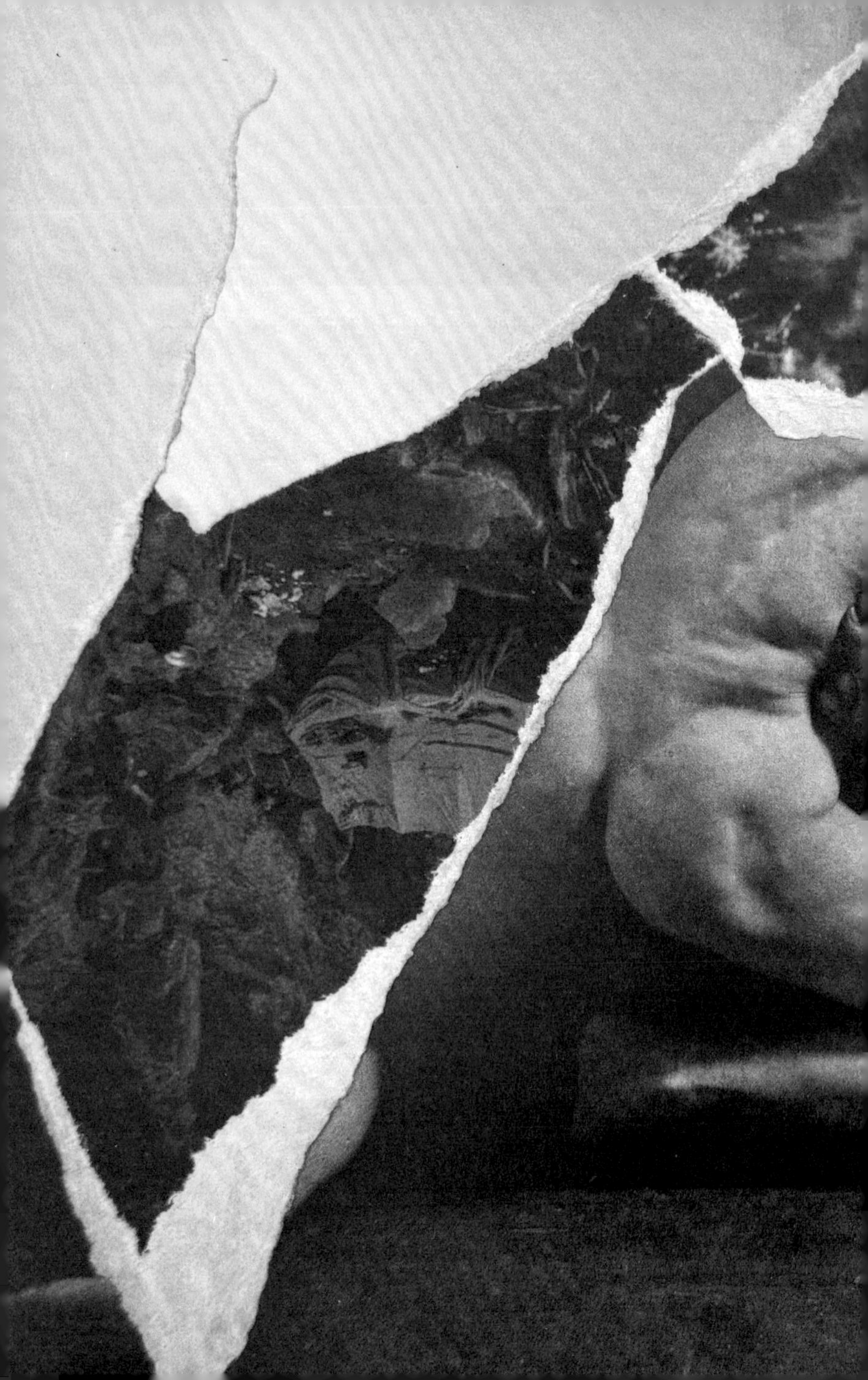

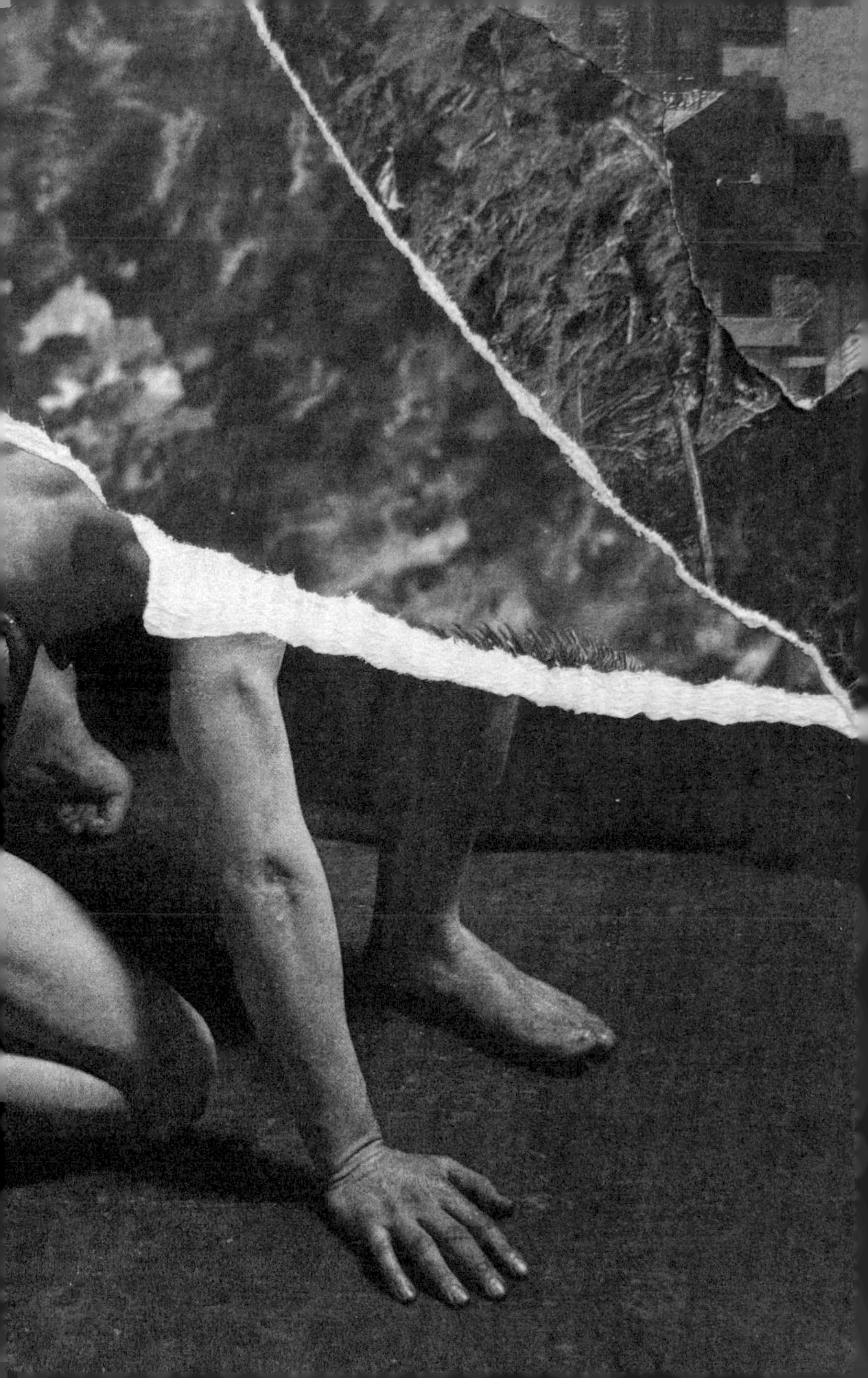

ÍNDICE DE POEMAS

344

Renato Negrão
49 [me ame ou me creme]
50 [o garoto sopra minha]
51 programa
52 [chocar o galinha]
53 felino
55 antes
56 caí de moto em luanda

Eleazar Carrias
63 História de um corpo
64 O eleito
65 Santidade
66 Romance
67 Prece na Avenida Central
68 Os livros
69 A confissão de Davi
70 Nosologia

Ricardo Domeneck
73 Texto em que o poeta celebra o amante de vinte e cinco anos
75 X + Y: uma ode
82 As pernas de Paul
85 Retrato de um touro
90 Ação de graça pelo desconhecido
93 Canção para Tristão
95 Carta ao pai

Rafael Mantovani
101 aplicativo de date
102 oi
103 para A.S.
104 instinto
105 hoje segundo o que tem pra hoje
106 limão e sal
107 provavelmente

Marcio Junqueira
111 Sábado
117 *Da série* Lucas
120 Três poemas para Pedros
121   pedro terceiro
122   pedro primeiro
125   pedro quarto

Régis Mikail
129 Sigilo de Irfan
132 Aparição à porta entreaberta
133 Um dos mil nudes da Taschen

Moisés Alves
137 Deslumbramento
139 Cavalo
141 Tesouro
144 Nu
146 Seres térmicos
148 O atalho

Ismar Tirelli Neto
153 Brutalist baby
154 [Teu sexo]
155 Num campo orvalhado
156 [Quando no mundo metem-me um sexo]
157 [Certa manhã obrigo-me a abril]
158 [Felizes nações, caso]
159 A roupa do corpo
160 Dez aproximações, ou homossexualidade enquanto nação
162 Numa lanchonete, final de 2012

Maykson Cardoso
167 Não falamos a mesma língua
168 *Adagio*
169 Atrás do muro, um paraíso

170 Fé cega, faca amolada
171 [Você quer me tirar]
172 Todos os homens, o Homem

Otávio Campos
177 Você triste pensando na internet
179 Mommy
180 Close friends
183 Videografia

Rafael Amorim
187 [prometi não mais escrever sobre o meu bem]
190 devoção
192 pedro américo
193 sempre depois de gozar
194 estudos sobre terrenos baldios
196 cristo
197 terra santa

Matheus Guménin Barreto
201 Tempo
202 (Outra) mula de Deus: a invertida
203 Rondó pederasta
204 Mr. Guménin's Saturday night service
205 Os trabalhos e as noites
206 Números, 23,16
207 2 Reis, 19,35
208 João, 6,56

Thiago Gallego
211 histeria coletiva
213 [o rafa quando anda]
214 [se eu pudesse te chupar]
216 Arpoador

Francisco Mallmann
221 [os meninos]
222 [não sei]
223 [a minha avó dizia que]
224 [os homens que amam homens podem ser]
225 [não sei se queria ser homem]
227 [reservar espaço para a sombra]
228 [se não fossem gradeadas minhas janelas, meu amor]
229 [uma coisa você precisa saber]

Marcos Samuel Costa
237 Erupção
238 Aleluia
240 Toque
241 Valores
242 Amei você na cidade
243 Evangelho
244 Trem-bala
245 Idílico, ainda assim marginal

Victor Squella
249 *Excerto de* Há uma palavra em grego para isso
253 Você diz que pegou nectarinas e bergamotas
254 Poema
255 Poema
256 Inverno nos trópicos
258 Olhando para "The Bewitched Bee", de Duane Michals
259 *Excerto de* Tarefas do desejo

Leonam Cunha
263 Poema para o boy que quero beijar
264 Pintura
265 Amar amar
267 Num descampado de Videmonte
268 Pós-pornô
269 Greve geral

Eduardo Valmobida
273 estratégias para cavalgar a solidão
278 moldar um cântaro de sedução

Caetano Romão
283 Sapatos de arame
285 A bananeira
287 Cabra-cega
288 Os jogos de azar
289 Jóquei
290 Plantação
292 Mau-mau e a medicina
296 Estribo

Alan Cardoso da Silva
301 Desastre
302 Cruzeiro do Sul/Nós dois a sós
303 Etimologia de conveniência
304 Adoração de Ra
305 Poema de aniversário [você fuma e deixa pela casa as pontas espalhadas]
306 Barbearia do Paulinho
307 mergulhador
308 província
309 tanque
310 pomar
311 casa de chá
312 Bom e belo

Wallace Prado
315 Jônatas
318 Verme-anjo
320 Filhote
322 É noite
324 [Moreno]

LISTA DE IMAGENS

350

Eugen Bräunig
Capa, pp. 12, 13

Lucas Bihler
pp. 9, 10-11, 27, 44-45, 46, 108, 340, 341

Marcelo Amorim
pp. 1, 14, 15, 37, 126, 134, 174, 234, 246, 260, 270, 298

Nino Cais
pp. 16, 17, 18-19, 60, 164, 338, 339, 342-343

Paul Mecky
pp. 20, 21, 22, 23, 25

Ricardo Domeneck
p. 26

Dados Internacionais de Catalogação na Publicação (CIP)
(Câmara Brasileira do Livro, SP, Brasil)

Homem com homem: poesia homoerótica brasileira no século XXI
Organização Ricardo Domeneck ; prefácio João Silvério Trevisan ;
posfácio Guilherme de Assis — 1. ed. — São Paulo: Ercolano, 2025.

　　Vários autores.
　　ISBN 978-65-85960-25-0

　　1. Erotismo na literatura 2. LGBT – Siglas 3. Poesia brasileira –
　　Coletâneas I. Domeneck, Ricardo. II. Trevisan, João Silvério.
　　III. Assis, Guilherme de.

25-250533   CDD-B869.108

1. Poesia: Antologia: Literatura brasileira B869.108
Aline Graziele Benitez – Bibliotecária – CRB-1/3129

ERCOLANO

Editora Ercolano Ltda.
www.ercolano.com.br
Instagram: @ercolanoeditora
Facebook: @Ercolanoeditora

Este livro foi editado em 2025
na cidade de São Paulo pela
Editora Ercolano, com as famílias
tipográficas Bradford LL e
Wremena, em papel Pólen Bold
70g/m² e impresso na Ipsis.